Relações entre
escola e comunidade

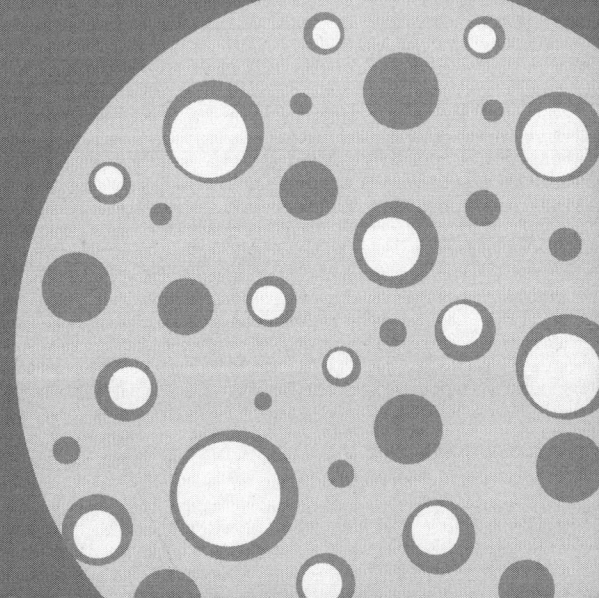

O selo DIALÓGICA da Editora InterSaberes faz referência às publicações que privilegiam uma linguagem na qual o autor dialoga com o leitor por meio de recursos textuais e visuais, o que torna o conteúdo muito mais dinâmico. São livros que criam um ambiente de interação com o leitor – seu universo cultural, social e de elaboração de conhecimentos –, possibilitando um real processo de interlocução para que a comunicação se efetive.

Relações entre escola e comunidade

Alessandro de Melo

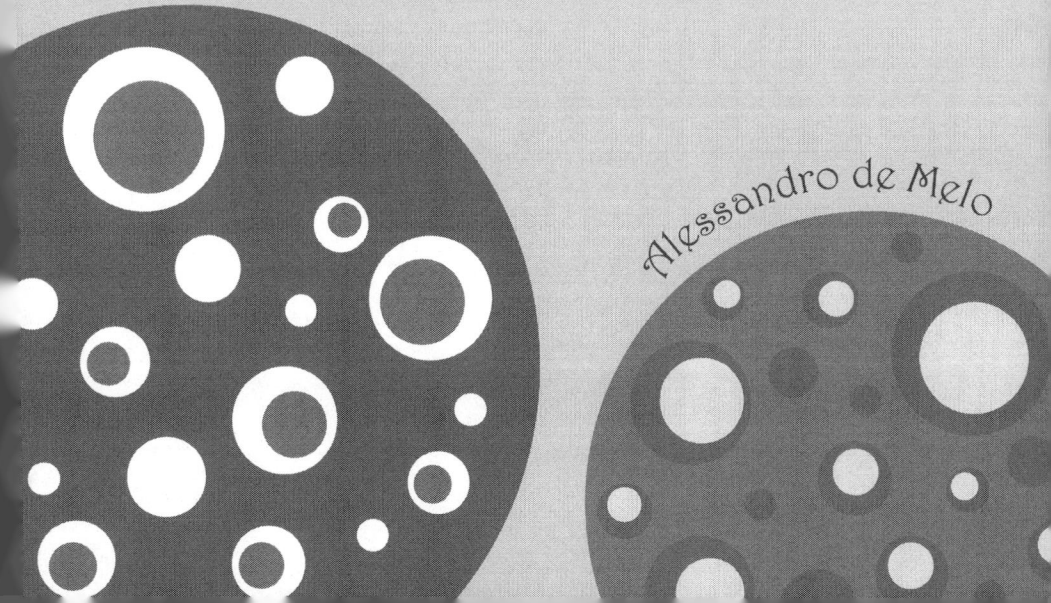

EDITORA intersaberes

Rua Clara Vendramin, 53
Mossunguê – CEP: 81200-170
Curitiba – PR – Brasil
Fone: (41) 2106-4170
www.intersaberes.com
editora@editoraintersaberes.com.br

Conselho editorial
Dr. Ivo José Both (presidente)
Drª Elena Godoy
Dr. Nelson Luís Dias
Dr. Neri dos Santos
Dr. Ulf Gregor Baranow

Editor-chefe
Lindsay Azambuja

Editor-assistente
Ariadne Nunes Wenger

Editor de arte
Raphael Bernadelli

Preparação de originais
Gabriel Plácido Teixeira da Silva

Capa
Denis Kaio Tanaami

Projeto gráfico
Katiane Cabral

Ilustração da capa
Eliége Jachini – Estúdio Leite Quente

Iconografia
Danielle Scholtz

1ª edição, 2012

Dados Internacionais de Catalogação na Publicação (CIP)
(Câmara Brasileira do Livro, SP, Brasil)

Melo, Alessandro de
    Relações entre escola e comunidade / Alessandro de Melo. – Curitiba: InterSaberes, 2012. – (Série Pesquisa e Prática Profissional em Pedagogia).

    Bibliografia.
    ISBN 978-85-8212-374-4

    1. Comunidade e escola 2. Escolas – Aspectos sociais I. Título II. Série.

12-09087   CDD-370.1931

Índices para catálogo sistemático:
1. Comunidade e escola: Educação 370.1931
2. Escola e comunidade: Educação 370.1931

Foi feito o depósito legal.
Informamos que é de inteira responsabilidade do autor a emissão de conceitos.

Nenhuma parte desta publicação poderá ser reproduzida por qualquer meio ou forma sem a prévia autorização da Editora InterSaberes.

A violação dos direitos autorais é crime estabelecido na Lei nº 9.610/1998 e punido pelo art. 184 do Código Penal

Sumário

Apresentação, 7

Organização didático-pedagógica, 15

1 Caracterização da comunidade, 17
   Comunidade como objeto da sociologia, 20
   Estudos de comunidade no Brasil, 41
   Síntese, 54
   Indicações culturais, 55
   Atividades de autoavaliação, 56
   Atividades de aprendizagem, 59

2 A relação entre família e escola como objeto da sociologia da educação, 61
   Família e educação na obra de Achiles Archêro Júnior, 64
   Escola e comunidade segundo a concepção educativa do Método Paulo Freire, 77
   Relação entre escola, família e comunidade na obra de Luiz Pereira, 84
   A herança familiar e o percurso educacional, 96
   Síntese, 105
   Indicações culturais, 107

Atividades de autoavaliação, 110

Atividades de aprendizagem, 112

3 Participação da comunidade escolar e gestão democrática da escola, 115

Gestão democrática e poder, 118

Gestão democrática e participação da comunidade, 130

Relação entre escola e comunidade com base na experiência de ocupação da escola e da Escola Itinerante do Movimento dos Trabalhadores Rurais Sem Terra (MST), 139

Síntese, 150

Indicações culturais, 152

Atividades de autoavaliação, 154

Atividades de aprendizagem, 157

4 Estratégias de participação da comunidade escolar, 159

Breve caracterização da comunidade escolar, 162

A LDBEN/1996 e a participação da comunidade, 168

Algumas formas tradicionais de participação da comunidade na escola, 171

O voluntariado na escola, 187

Escola e empresariado, 198

Síntese, 204

Indicações culturais, 206

Atividades de autoavaliação, 207

Atividades de aprendizagem, 209

Considerações finais, 211

Referências, 215

Bibliografia comentada, 223

Respostas, 225

Sobre o autor, 231

Apresentação

A discussão sobre a relação entre escola e comunidade, levada a cabo neste livro, tem o intuito de abarcar várias possibilidades analíticas sobre essa questão, conduzindo você a uma formação mais ampla, para que possa, no correr da prática na escola, se posicionar a respeito dessa relação de maneira consciente e fundamentada. Sendo assim, a construção do texto foi dirigida de modo a fornecer subsídios de uma cultura mais ampla no âmbito das ciências sociais, tendo em vista a especificidade do tema deste livro, que relaciona a escola com o seu meio.

> *A participação da comunidade na escola tem como premissa fundamental que a educação das novas gerações não pode ser tarefa unicamente da escola.*

As contradições sociais na sociedade em que vivemos e a própria complexidade das relações em que cada um de nós se insere impedem, no âmbito da sala de aula, um processo educacional baseado simplesmente na relação entre estudante e professor.

> Educação é muito mais que aprendizado de conhecimentos, e o processo de aprendizagem na escola também leva em conta outras questões, como a vida familiar, a situação econômica e, no caso que nos afeta mais diretamente neste livro, a participação da comunidade na escola como meio amplamente pedagógico, que pode resultar em melhoria da qualidade da escola pública.

A comunidade escolar, composta de profissionais da educação, funcionários da escola, família, estudantes e outros membros da comunidade, pode, por várias formas aqui exploradas, participar da vida da escola e do processo de ensino-aprendizagem, este sendo a finalidade maior dela. A escola não é uma instituição social isolada, mas, ao contrário, sintetiza projetos pessoais e de grupos, que depositam nela esperanças de futuro para as novas gerações. Por outro lado, a escola se localiza em um entorno do qual não pode ser isolada, ou seja, a sua presença nos bairros das cidades não passa despercebida: a existência de uma escola impacta na vida cotidiana das pessoas de sua circunvizinhança; portanto, existe um diálogo constante da escola com esse ambiente, direta ou indiretamente. A combinação dessas duas facetas da escola, ou seja, seu papel formativo e sua presença física, faz com que ela tenha responsabilidades frente à comunidade do seu entorno. Tal responsabilidade deveria ser o motor da abertura da escola à comunidade, partindo do princípio de que o que a escola faz toca diretamente na vida da comunidade. Por isso, a existência da comunidade na escola é fundamental.

> A escola não é uma instituição social isolada, mas, ao contrário, sintetiza projetos pessoais e de grupos, que depositam nela esperanças de futuro para as novas gerações.

> No caso das escolas públicas, que são nosso foco principal, parte-se do princípio de que ela, por seu caráter, pertence ao povo, e este não pode estar alheio ao que ocorre no interior dos muros da escola.

A participação de cada membro da comunidade tem sua especificidade. No caso dos profissionais da educação, como os professores e os gestores da escola, a sua atuação é mais diretamente pedagógica e administrativa. Os funcionários da escola, administrativos ou operacionais, são responsáveis pela manutenção da escola, no sentido burocrático ou no sentido de manutenção física do prédio. A participação da família na escola pode se dar de várias maneiras, na atuação direta dos pais em projetos especiais, nos momentos de avaliação dos filhos e no conselho escolar, no qual participa da formulação e acompanhamento do Projeto Político-Pedagógico e de outras questões pertinentes à escola. Muitas pesquisas indicam que a participação da família auxilia, direta ou indiretamente, no processo educativo dos filhos. A participação dos estudantes nos processos da escola, especialmente por meio da organização do grêmio estudantil, é uma maneira de fazer a formação escolar ser enriquecida com base na conscientização política e na atividade pública, que leva os estudantes a se enriquecerem na identificação com questões gerais referentes à sociedade. Outras formas de participação da sociedade na escola, como o voluntariado e o empresariado, são também exploradas neste livro.

Algumas questões não serão respondidas, mas queremos deixá-las para reflexão, pois são importantes para que o profissional da educação possa se colocar sobre a relação entre comunidade e escola. Essas questões são as seguintes:

> *A forma de participação que a escola adota, contemporaneamente, proporciona a participação da comunidade? Ou mais: o formato da escola contemporânea proporciona o alcance de seus objetivos básicos e da qualidade na formação das novas gerações, entendida esta qualidade como formação integral do ser humano? É possível que a discussão sobre participação da comunidade na escola se sobreponha a esses objetivos fundamentais da educação escolar?*

Não se trata de definir a participação da comunidade como um fetiche, pois a realidade social brasileira e a nossa história demonstram a dificuldade de implementação de uma real e efetiva participação. A tradição autoritária brasileira, em cuja história o povo sempre esteve distante da possibilidade de participar das decisões estratégicas pertinentes ao país, faz com que a participação da comunidade na escola seja pautada, por um lado, pela pouca cultura de participação, que gera certa apatia ou distanciamento da comunidade na escola; por outro lado, há certa falta de possibilidades de participação consciente, devido ao desconhecimento da população, em geral, sobre educação, o que também gera distanciamento. Essa tradição autoritária também se reflete na administração escolar, que se generaliza como uma instituição também autoritária, tanto no trato com a comunidade quanto no trato com os participantes diretos da escola, como os estudantes, os professores e os funcionários. Não é incomum uma escola que não se abre à participação da comunidade por seu caráter autoritário ou, simplesmente, pelo caráter de seu(sua) diretor(a), que possui uma relação personalista com a escola e a administra como um bem pessoal. Nesses casos, a relação entre escola e comunidade apenas ocorre nas aberturas oficialmente existentes, como as Associações de Pais e Mestres (APMs) ou o conselho escolar. Em muitas escolas, aliás, os estudantes se veem em dificuldades para implementar o grêmio, ou para agir livremente, segundo a autonomia que é direito dos estudantes.

A participação na escola, como afirmaremos várias vezes ao longo deste livro, não será concretizada de forma espontânea pela população, mas sim pela ação efetiva contra esta situação que é histórica e que marca as relações sociais no país. A comunidade escolar, especialmente a família dos estudantes, e os próprios estudantes devem ser os primeiros interessados em superar essa condição de alienação com relação aos rumos que a escola toma, já que são os seus maiores beneficiários.

Ao longo deste livro será afirmada a gestão democrática da escola como um meio eficiente de administrá-la via participação da comunidade.

> A gestão da escola é também um ato político e, como tal, é uma ação que visa ao poder, sendo que é nesse ponto que a gestão da escola pode sofrer um revés autoritário, já que determinados grupos podem querer fazer prevalecer seus projetos particulares em detrimento do bem comum, objetivo clássico da ação política.

Há que se definir, em cada caso concreto, como ocorrem essas relações na escola, sendo que este livro pode subsidiar a avaliação do tipo de administração escolar, em especial no que se refere ao caráter da gestão. Um caso concreto com o qual nos deparamos, para melhor explicitarmos um exemplo de gestão democrática, é o das escolas itinerantes do Movimento dos Trabalhadores Rurais Sem Terra (MST), em que a identificação da comunidade com a escola é intrínseca, pois a escola é resultado das lutas dos militantes, uma construção de "baixo para cima", ao contrário do que normalmente ocorre.

Seguindo os princípios sumariamente apresentados até este ponto, o livro está dividido em quatro capítulos. No primeiro capítulo, adentraremos na discussão sociológica sobre o conceito de comunidade, contrapondo-o ao conceito de sociedade, por meio da discussão que é clássica na sociologia e na antropologia.

> Em termos gerais, distingue-se a comunidade pela maior coesão social dos seus membros, baseada em afetos e tradições, diferente da sociedade, entendida como uma organização mais complexa e cuja coesão é menor e vinculada por leis e normas institucionalmente construídas.

Em outro momento deste mesmo capítulo, discutiremos os estudos de comunidade realizados no Brasil, que são pioneiros nas pesquisas de campo e fundadores de uma tradição sociológica e antropológica, que pode auxiliar os acadêmicos/leitores na construção das pesquisas da comunidade escolar.

No segundo capítulo, a discussão se tornará mais específica e abrangerá a relação entre família e escola como objeto sociológico. Para isso, estruturamos a discussão no sentido histórico, pelo estudo da obra de Archêro Júnior, construída na década de 1930: um registro histórico importante para auferirmos comparativamente o tratamento da relação entre família e escola. Outro momento do capítulo será dedicado à análise do Método Paulo Freire, desenvolvido nos fins dos anos de 1950 e início dos anos de 1960, pois o método desse importante educador, sem dúvida, é paradigmático para a discussão acerca da vinculação entre escola e comunidade, já que inicia-se da realidade da comunidade dos educandos. Depois disso, analisaremos parte do trabalho do sociólogo da educação Luiz Pereira, que desenvolveu pesquisa de campo na região da grande São Paulo, nos anos de 1960, especificamente no que esse estudo analisou da relação entre família e escola.

> A obra de Luiz Pereira demonstra claramente as perspectivas das famílias da classe trabalhadora em relação à formação escolar dos filhos, o que diretamente vincula escola e inserção dos estudantes no mercado de trabalho, algo bastante atual.

Para finalizarmos o capítulo, traremos uma importante discussão sobre a sociologia da educação desenvolvida por Pierre Bourdieu, a qual trata dos impactos da herança familiar no destino educacional dos estudantes.

> *A herança familiar, especialmente o capital financeiro e cultural, influencia diretamente no desempenho escolar dos estudantes.*

O terceiro capítulo dedicaremos à participação da comunidade escolar e à gestão democrática, visando instaurar discussões que abranjam desde o ambiente escolar, no qual a gestão democrática é a iniciativa mais adequada, até a abertura para a participação da comunidade. Na primeira parte, faremos uma discussão mais teórica sobre participação e poder, pela via da argumentação da ciência política, em que várias visões sobre o poder estarão em conflito, tanto idealmente quanto na prática pedagógica. A segunda parte dedicaremos ao debate geral sobre gestão democrática, recorrendo a autores clássicos que abordaram essa questão, ainda que de forma preliminar. Na terceira parte, analisaremos a experiência do MST a respeito das escolas itinerantes, construídas nos acampamentos pela ação dos militantes e cujo cotidiano da gestão e da manutenção escolar é efetuado pela ação dessas pessoas, sem as quais a própria existência da escola ficaria impossibilitada.

O quarto e último capítulo dedicaremos especificamente às formas de participação da comunidade. Nesse sentido, trata-se de um capítulo que coroará o percurso teórico dos capítulos anteriores e objetivará auxíliá-lo a visualizar as formas de participação da comunidade, trazendo subsídios teóricos e práticos a respeito de cada modalidade, separadamente discutidas: o conselho escolar, a APM e o grêmio estudantil. Traremos também uma breve análise da Lei de Diretrizes e Bases da Educação Nacional (LDBEN) sobre a participação como princípio da legislação e da prática pedagógica. Outras formas de participação, o voluntariado e o empresariado, serão analisadas segundo uma perspectiva crítica, pois são meios que podem permitir a entrada de princípios privatistas para a educação pública.

Esperamos poder contribuir, com este livro, com práticas democráticas de gestão que permitam a participação da comunidade na escola, subsidiando essas práticas com base num sólido fundamento teórico. A nossa tarefa como intelectuais, por meio de nossa atividade específica, é permitir e promover a conscientização da população para uma participação efetiva e esclarecida, além da abertura da escola para que a comunidade possa efetivar esse objetivo.

Organização didático-pedagógica

Esta seção tem a finalidade de apresentar os recursos de aprendizagem utilizados no decorrer da obra, de modo a evidenciar os aspectos didático-pedagógicos que nortearam o planejamento do material e como você pode tirar o melhor proveito dos conteúdos para seu aprendizado.

Introdução do capítulo

Logo na abertura do capítulo, você é informado a respeito dos conteúdos que nele serão abordados, bem como dos objetivos que o autor pretende alcançar.

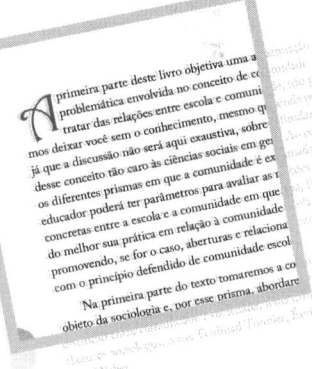

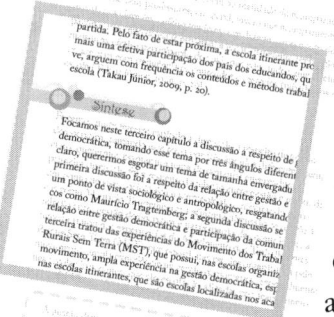

Síntese

Você conta nessa seção com um recurso que o instiga a fazer uma reflexão sobre os conteúdos estudados, de modo a contribuir para que as conclusões a que você chegou sejam reafirmadas ou redefinidas.

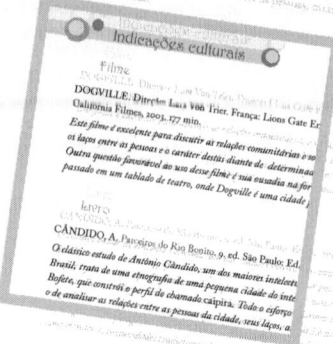

Indicações culturais

Ao final do capítulo, o autor lhe oferece algumas indicações de livros, filmes ou *sites* que podem ajudá-lo a refletir sobre os conteúdos estudados e permitir o aprofundamento em seu processo de aprendizagem.

Atividades de autoavaliação

Com essas questões objetivas, você mesmo tem a oportunidade de verificar o grau de assimilação dos conceitos examinados, motivando-se a progredir em seus estudos e a preparar-se para outras atividades avaliativas.

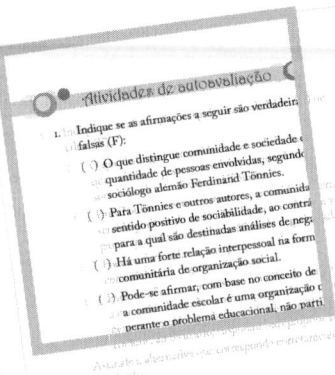

Atividades de aprendizagem

Aqui você dispõe de questões cujo objetivo é levá-lo a analisar criticamente um determinado assunto e integrar conhecimentos teóricos e práticos.

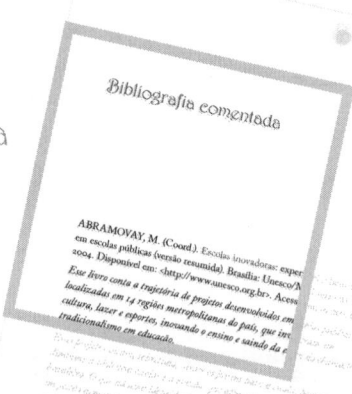

Bibliografia comentada

Nessa seção, você encontra comentários acerca de algumas obras de referência para o estudo dos temas examinados.

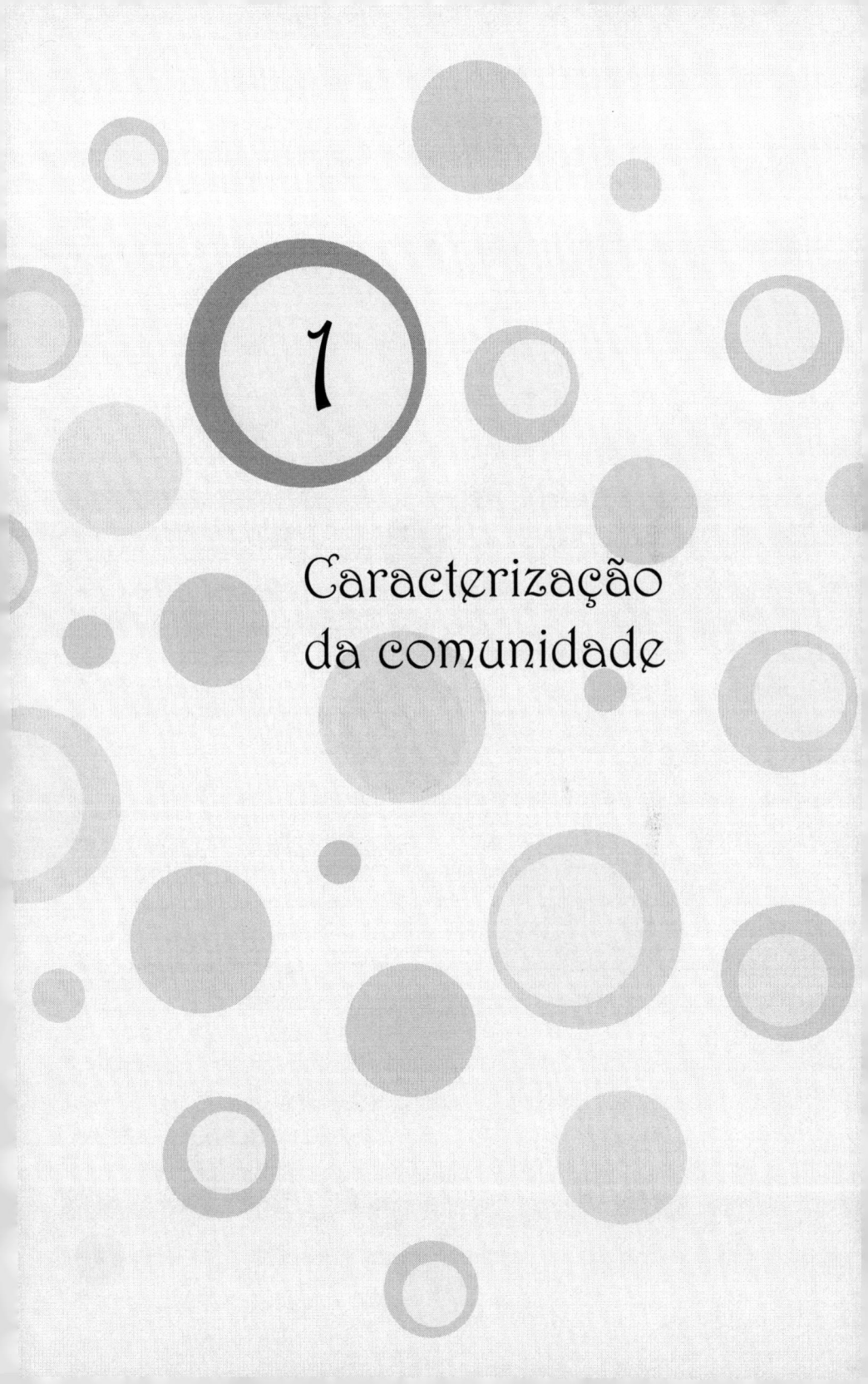

1
Caracterização da comunidade

A primeira parte deste livro objetiva uma aproximação com a problemática envolvida no conceito de comunidade. Por se tratar das relações entre escola e comunidade, não poderíamos deixar você sem o conhecimento, mesmo que ainda preliminar, já que a discussão não será aqui exaustiva, sobre os fundamentos desse conceito tão caro às ciências sociais em geral. Ao conhecer os diferentes prismas em que a comunidade é examinada, o futuro educador poderá ter parâmetros para avaliar as relações sociais concretas entre a escola e a comunidade em que atua, fundamentando melhor sua prática em relação à comunidade escolar, assim como promovendo, se for o caso, aberturas e relacionamentos coerentes com o princípio defendido de comunidade escolar.

Na primeira parte do texto tomaremos a comunidade como objeto da sociologia e, por esse prisma, abordaremos a clássica distinção entre comunidade e sociedade, tema caro a grandes e clássicos sociólogos, como Ferdinad Tönnies, Émile Durkheim e Max Weber.

> A concepção geral de comunidade, nesse sentido, é a de um grupo mais coeso cultural e geograficamente e cujos interesses em geral aproximam os membros que o constituem. Na comunidade, as pessoas se relacionam mais proximamente, mantendo contatos cotidianos e informais. Já na sociedade, conjunto humano e social mais complexo, as pessoas se relacionam mediadas por leis e regras mais formalizadas. Na comunidade, como afirma Durkheim (1988), prevalece a "solidariedade mecânica", enquanto na sociedade prevalece a "solidariedade orgânica".

Na segunda parte do capítulo, trataremos especificamente dos estudos de comunidade no Brasil, que é uma grande corrente teórica e metodológica que se encontra nas fontes das pesquisas de campo desenvolvidas no país e que nos dá como herança muitas técnicas de pesquisa, como a entrevista e a observação sistemática, que ainda hoje são utilizadas em estudos etnográficos da escola (André, 1995, 1997; Fortuna, 2000).

Com base nesses subsídios, poderemos adentrar nas questões mais restritas da relação entre escola e comunidade, de forma mais coesa e coerente com os objetivos deste livro, que é também o de fornecer subsídios de uma cultura mais ampla no âmbito das ciências sociais, tendo em vista a especificidade do tema desta obra, o qual relaciona a escola com o seu meio.

1.1 Comunidade como objeto da sociologia

A discussão em torno da caracterização da comunidade sempre foi um objeto privilegiado em determinado campo da sociologia. Podemos vê-la nos autores clássicos da sociologia, como Francisco de Paula Ferreira (1968), Martin Buber (1987), Émile Durkheim (1988), Ferdinand Tönnies (citado por Miranda, 1995) e Max Weber (2004). A partir das discussões levantadas por esses autores, podemos dar o primeiro passo rumo à compreensão mais detida e meticulosa dos significados de comunidade escolar.

O mais clássico autor, referência inclusive para Weber e Durkheim, é o sociólogo alemão Ferdinand Tönnies (1855-1936), o qual opõe *gemeinschaft* (comunidade) e *gesellschaft* (sociedade). O princípio dessa oposição em Tönnies é retomado de uma ideia pura de comunidade, avessa aos princípios sociais da sociedade moderna. Sendo assim, comunidade e sociedade são formas díspares de sociabilidade humana, e, sem dúvida, a concepção de comunidade para o autor carrega consigo um traço marcante de positividade, sempre em relação à negatividade da vida moderna.

> As normas sociais na comunidade eram estabelecidas, mediadas e colocadas em prática pelas tradições, pelos hábitos, pelos costumes, pela religião e pela oralidade.

A comunidade, para Tönnies, representa o tipo de sociabilidade existente nas antigas formas de vida social, caracterizadas pelo seu tamanho diminuto territorialmente, como as aldeias, cuja base se dava na família. As relações ocorriam com origem na localidade, expressas por sentimentos pessoais, até mesmo afetivos, e pessoalmente, por meio do encontro das pessoas (*tête-à-tête*). As normas sociais na comunidade eram estabelecidas, mediadas e colocadas em prática pelas tradições, pelos hábitos, pelos costumes, pela religião e pela oralidade. Cada membro da sociedade carregava consigo a consciência destas normas sociais, sem a necessidade de intermediários para isso.

Nas próprias palavras de Tönnies (citado por Miranda, 1995, p. 231): "Tudo aquilo que é partilhado, íntimo, vivido exclusivamente no conjunto, será entendido como a comunidade [...]. Na comunidade há uma ligação entre os membros desde o nascimento, uma ligação entre os membros tanto no bem-estar quanto no infortúnio."

Mais uma vez, reafirma-se, na concepção do sociólogo alemão, a sua ideia de comunidade como lócus de relações cálidas, em que os membros partilham suas vidas de forma amigável e com sentimentos que em nada se coadunam com a competição, tal como, posteriormente, afirmará Weber (2004). Na verdade, a comunidade se sustenta pelo livre contrato dos indivíduos, que percebem em sua perpetuação um meio de conservação de estilos de vida positivamente referenciados no grupo, dos quais não querem abrir mão.

> A comunidade, em Tönnies, baseia-se nas relações de parentesco, que poderíamos designar como as formas sociais que a família adquire, ou seja, formas mais nuclearizadas, compostas de poucos membros, como pai, mãe e filhos; ou famílias extensas, que congregam, por vezes no mesmo teto, membros familiares do tronco matrilinear (parentes da mãe) ou patrilinear (parentes do pai), assim como várias gerações (avós, filhos e netos).

Outras formas de relação comunitária, segundo Tönnies (1995), são a vizinhança e as amizades. Ambas, como há de se perceber, não se excluem, ao contrário, são fatores de proximidade entre os indivíduos e condição para a amizade.

> Baseando-nos nesse tripé, a comunidade pode ser definida em três bases:
> 1. a territorial, que é um elemento comum nas várias concepções de comunidade, ou seja, a existência da comunidade está relacionada diretamente à proximidade geográfica das pessoas, o que, de certa forma, permite o aprofundamento das relações interpessoais;
> 2. a comunitária, que é o emocional;
> 3. a comunalidade, ou relações de semelhança entre os indivíduos.

Esse conceito de comunidade lembra o que Durkheim (1988) designou como *solidariedade mecânica*, que conceitua uma forma de sociabilidade na qual os indivíduos estão fortemente vinculados com o grupo, a tal ponto de haver uma indistinção entre a individualidade e a sociedade na composição do indivíduo.

Por outro lado, *gesellschaft* (sociedade) designa a forma fria, individualista, calculista e egoísta da ação social na sociedade moderna, capitalista, a qual caracteriza sociedades com complexa divisão social do trabalho e cuja abrangência supera o local.

> As normas sociais nas sociedades complexas são registradas em códigos e normas de alta complexidade e de difícil acesso a todos os indivíduos, que, então, necessitam da presença e atuação de intermediários que decodifiquem e interpretem esses códigos, como é o caso da categoria profissional dos advogados e do corpo em geral da justiça.

Outros meios se vinculam às normas sociais, como a opinião pública, atualmente tão importante em tantos aspectos da vida social.

Nas palavras de Tönnies (citado por Miranda, 1995, p. 252):

> A sociedade consiste em um agrupamento humano que vive e habita lado a lado de modo pacífico, como na comunidade, mas, ao contrário desta, seus componentes não estão ligados organicamente, mas organicamente separados. Enquanto na comunidade os homens permanecem essencialmente unidos, a despeito de tudo o que os separa, na sociedade eles estão essencialmente separados, apesar de tudo que os une.

A essa configuração social, complexa e dividida, Durkheim deu o nome de *solidariedade orgânica*, em que se processa socialmente a diferenciação dos indivíduos, na qual se sobressai a personalidade. Um detalhe importante e destacado por Durkheim é que a coesão social é mais forte nesse tipo de solidariedade. Isso ocorreria porque, ao mesmo tempo em que se sobressaem as diferenciações, a dependência de cada indivíduo aumenta com a complexidade da divisão social, e a sociedade acaba por funcionar tal como os organismos superiores, em que cada órgão, mesmo tendo sua caracterização, funciona de modo dependente em relação aos demais e, em conjunto, fazem funcionar o corpo, no caso o corpo social. Para Durkheim (1988), a evolução social tende a fazer hegemônica a forma orgânica de solidariedade, mesmo que Tönnies, com certa nostalgia, veja na comunidade a forma ideal de vida humana.

É preciso deixar claro que não há nenhum autor sério que, apesar da distinção conceitual entre comunidade e sociedade, veja essa divisão sendo manifestada na realidade, ou seja, a realidade social presencia a existência de traços marcantes de ambas, nas características humanas que os vinculam ora à comunidade (à união), ora ao individualismo.

> Na nossa vida cotidiana, em todo momento nos encontramos em meio a estas vertentes: ora somos membros de uma família, cujos laços são afetivos, ora somos membros de um grupo social, no qual mantemos uma relação comunitária.

Cleverson Bestel

Mas, ao mesmo tempo, somos membros de uma sociedade mais ampla, na qual somos cidadãos, trabalhadores e, portanto, fazemos parte da divisão social do trabalho, competimos por vagas de emprego, vestibulares etc., colocando-nos em relações de oposição com outras pessoas.

A análise de Weber sobre comunidade se vincula à sua discussão clássica sobre ação social e relação social*. Na verdade, Weber trata da relação comunitária em oposição à relação associativa, o que leva à clássica distinção entre comunidade e sociedade, já batizada por Tönnies. Nas palavras de Weber (2004, p. 25, grifo do original):

"Uma relação social denomina-se 'relação comunitária' quando e na

---

* "Por relação social deve-se entender uma conduta de vários – referida, reciprocamente conforme seu conteúdo significativo, orientando-se por essa reciprocidade. A relação social consiste, pois, plena e exclusivamente, na probabilidade de que se agirá socialmente numa forma indicável (com sentido)" (Weber, 1977, p. 142, grifo do original).

medida em que a atitude na ação social – no caso particular ou em média ou no tipo puro – repousa no sentimento subjetivo dos participantes de pertencer (afetiva ou tradicionalmente) ao mesmo grupo."

Algumas palavras-chave podem auxiliar na compreensão desse trecho, de fundamental importância sociológica para a compreensão da comunidade. Porém, antes de analisarmos diretamente o escrito de Weber, é necessário passarmos rapidamente em revista os conceitos de ação social e os de relação social.

A ação social é a ação dos indivíduos orientada pelas ações de outros indivíduos, sejam estas atuais ou já passadas, isto é, o que caracteriza a ação social é que, ao realizá-la, os sujeitos da ação dão-lhe sentido, que, por sua vez, deve ser compartilhado subjetivamente entre os sujeitos da ação. Conforme a motivação dos sentidos das ações, Weber distingue ação em quatro categorias.

A mais abrangente categoria de ação social, que é a dominante nas formações sociais capitalistas, é a ação social racional com relação a finalidades. Esse tipo de ação ocorre quando os sujeitos planejam suas ações visando a um fim objetivamente calculado, utilizando-se de meios para isso, e calculando possíveis consequências dessas ações. Há uma avaliação, por parte dos indivíduos, dos objetivos, fins e consequências de suas ações, e a efetivação da ação depende, de certa forma, direta ou indiretamente, dessa avaliação. Os exemplos desse tipo de ação são infinitos, caracterizando-se desde a luta individual por posições sociais, profissionais, pessoais ou outras até as lutas concorrenciais em nível global, que incluem as grandes corporações transnacionais.

No que se refere ao esquema de separação entre comunidade e sociedade, esse tipo de ação é a que está na base da relação associativa, a qual Weber caracteriza assim: "Uma relação social denomina-se 'relação associativa' quando e na medida em que a atitude na ação social repousa num ajuste ou numa união de interesses racionalmente motivados (com referência a valores ou fins)" (Weber, 2004, p. 25, grifo do original).

Outro tipo de ação social, que, aliás, pode caracterizar a relação associativa, é a ação racional com conexão a valores, que é o tipo de ação que não leva em conta as consequências previsíveis do seu ato, colocando em primeiro plano suas convicções sobre o que pensa ser o dever a ser cumprido ou outro tipo de valores que baseiam a ação, tais como dignidade, piedade, estética, uma causa a ser defendida, honra etc. (Weber, 2004). Na relação associativa, age em relação a valores aquele que, perante o outro, age conforme a crença no cumprimento de seu compromisso dado no acordo.

Os outros dois tipos de ação social são assim designados: ação social tradicional e ação social afetiva. A primeira, a ação social tradicional, trata da vontade deliberada, ou apenas alimentada pelo costume, de manutenção das tradições. Os indivíduos, na condução de suas ações, levam em conta os hábitos arraigados na comunidade em que vivem e, por isso, agem conforme esses hábitos nem sempre dando a essas ações um tom racional. Esse é o tipo de ação característica da relação comunitária.

A segunda, a ação social afetiva, sem grande importância aqui, é caracterizada pelas ações pautadas por sentimentos que nem sempre são controláveis, como as paixões, as tristezas, o ódio, ou por grandes comoções, em que, no coletivo, os indivíduos passam a praticar atos com os quais não se relacionam conscientemente, como as ações agressivas de massas em ocasiões especiais – por exemplo, em partidas de futebol, que são um caso bem conhecido de todos. De qualquer forma, a ação afetiva dificilmente está na base da sociabilidade, seja na comunidade, seja na sociedade.

Voltando à questão da relação comunitária em Weber, este afirma que essa relação pode apoiar-se em fundamentos afetivos, emocionais e/ou tradicionais, e exemplifica com a comunidade familiar. A comunidade, para esse sociólogo alemão, é a "antítese da luta" (Weber, 2004, p. 26), ou seja, o lócus em que predominam relações de interação pautadas por sentimentos comuns e não concorrenciais como se dá nas relações associativas.

Weber ressalta que não existe relação comunitária apenas pelo fato de as pessoas se encontrarem em situações de similaridade, que podem ser conjuntos de qualidades, comportamentos, situações concretas, ou ainda, características biológicas e culturais. Nem mesmo a existência de reações ou sentimentos homogêneos caracteriza, por si, a comunidade.

> Somente quando, em virtude desse sentimento, as pessoas começam de alguma forma a orientar seu comportamento pelo das outras, nasce entre elas uma relação social – que não é apenas uma relação entre cada indivíduo e o mundo circundante – e só na medida em que nela se manifesta o sentimento de pertencer ao mesmo grupo existe uma "relação comunitária". (Weber, 2004, grifo do original)

Portanto, apreende-se que a natureza da relação comunitária, em Weber, é a ação concreta dos indivíduos, motivada por sentimentos de pertencimento a um determinado grupo. Não há dúvida da relevância dessa categoria weberiana para a análise da comunidade escolar, e, especialmente, sua relevância como ponto de partida para pesquisas empíricas que podem desvendar, em cada caso concreto, a realidade ou não de relações comunitárias motivando a ação dos agentes da comunidade escolar em torno da questão educacional.

Outra concepção acerca da comunidade está presente na teoria do filósofo e pedagogo judeu Martin Buber (1878-1965). A obra *Sobre comunidade* (1987) é uma coletânea de palestras e conferências acerca de sua discussão sobre a distinção entre comunidade e sociedade (*gemeinschaft* e *gesellschaf*), construída por Tönnies e com a qual Buber dialoga. Segundo Dascal e Zimmermann (1987, p. 17), o que diferencia a análise de Buber e a de Tönnies é que, para esse último, é irreversível o processo da passagem da comunidade para a sociedade com o advento da sociedade industrial, enquanto que para Buber este não é um processo irreversível. Na verdade, a leitura do texto de Buber nos leva a concluir, de maneira genérica, que o autor trata a comunidade com uma concepção idealizada de relações humanas, mas que, mesmo assim, são passíveis de concretização.

Essa concepção buberiana, marcadamente religiosa, encontra-se no que o autor concebe como sendo *comunidade*, a *nova comunidade*, que opõe à "antiga comunidade". Portanto, vejamos como o autor define comunidade. Nas suas palavras:

> é a interação viva de homens íntegros e de boa têmpera na qual dar é tão abençoado como tomar, uma vez que ambos são um mesmo movimento [...]. Que homens maduros, já possuídos por uma serena plenitude, sintam que não podem crescer e viver de outro modo [...] que eles se reúnam, então, e se deixem cingir as mãos por um e mesmo laço, por causa da liberdade *maior*, eis o que é comunidade, eis o que desejamos. (Buber, 1987, p. 33-34)

Nessa passagem encontra-se o cerne do pensamento de Buber acerca das relações comunitárias, qual seja, a interação voluntária de homens, em cuja concepção as relações interpessoais sejam pautadas pela ideia de respeito mútuo e de reciprocidade dos atos. Essa união, fala o autor, serve a uma "liberdade maior", a qual apenas menciona, mas não especifica, embora, pelo dito, pode-se apreender que esta liberdade se constitui na própria vida em comum, sem a qual os indivíduos pereceriam. Tanto é assim que Buber (1987) afirma categoricamente que "comunidade é Vida" e que ambos "são os dois lados de um mesmo ser".

Mais adiante, em outro texto, o filósofo (Buber, 1987, p. 87) concebe a comunidade, "aqui e agora", como sendo uma "multiplicidade de pessoas, de modo que sempre seja possível para qualquer um que a ela pertença estabelecer relações autênticas, totais, sem finalidades... de modo que exista tal relação entre todos os membros".

Para Buber (1987), a nova comunidade, que tem na Vida sua essência, distingue-se frontalmente da "antiga comunidade", a qual esse autor caracteriza como sendo aquela cujo foco está no interesse, nas vantagens, nos proveitos, ou seja, aquilo que normalmente é a base das relações sociais capitalistas. O desejo do autor, nas suas próprias palavras, é "construir um mundo isento de interesses" (Buber, 1987, p. 35), o que, então, caracterizaria a nova comunidade.

O filósofo judeu ainda separa as comunidades antigas em comunidades religiosas e econômicas, mantendo-se o princípio utilitarista que caracteriza essa modalidade de comunidade, ou seja, são relações que buscam, numa, o interesse religioso e, noutra, o interesse econômico.

Claro está que essa visão do autor, imbuída de um tom poético, não pode deixar de ser questionada em tom racional: onde está a realidade? O que é a vida? De que vida se trata? Em que condições materiais tal comunidade existiu? É possível no nível de relações humanas mediadas pelo interesse capitalista, tal como vivemos atualmente, gerar formas de relacionamentos como os "desejados" pelo filósofo judeu? Essa concepção de Buber é derivada de análises reais ou apenas trata-se de um apelo necessário para "salvar" a humanidade do descalabro das relações desumanizadas? Em se tratando de apelos poéticos, como acreditamos, em que bases se fundamentam?

Essas e muitas outras são questões a se colocar em face de concepções como essas de Buber, pois, afinal de contas, ao analisarmos a real comunidade escolar, não podemos ter, diante dela, senão uma atitude racional, única capaz de apreendê-la em sua complexidade; de auxiliar em seu desenvolvimento; de diagnosticar os problemas nela surgidos; de construir relações democráticas de participação real etc.

Podemos ainda citar, inspirando-nos no trabalho de Recuero (2006), mais dois autores que discutem comunidade na contemporaneidade, inspirados nos clássicos, especialmente Weber: o sociólogo francês Michel Maffesoli e o sociólogo canadense Barry Wellman.

Maffesoli, inspirado na concepção de comunidade em Weber, ou seja, da comunidade como sentimento de pertencimento, trabalha com a hipótese de que há, de fato, um retorno das pessoas à situação tribal, fenômeno que ele denomina como *neotribalismo* (Recuero, 2006). Caracteriza-se essa denominação como uma "pulsão de estar juntos", que une as pessoas em laços de proximidade, porém com características diferentes das antigas tribos: a proximidade aqui é mais fluida, mais pontual e dispersa (Recuero, 2006).

Esse sentimento de tribo vem coadunado com a clara degradação das relações sociais, o que levaria as pessoas a quererem estar juntas, reconstruindo, assim, as tribos antigas no ambiente social contemporâneo. É o que Recuero (2006, p. 114) denomina também como *tribalismo pós-moderno*, que busca, nas palavras de Maffesoli, "reencantar" o mundo. Ainda segundo autor:

> A comunidade, assim, tem uma função estética, onde o individual desemboca no coletivo, no compartilhamento, na identificação. As novas formas de sociabilidade são, assim, para Maffesoli, uma forma de reorganização do mundo, o fim da lógica individualista da Modernidade (Quaresma, 2005, p. 82), nascidas dos sentidos, da estética, da organicidade dentro da pós-modernidade. (Recuero, 2006, p. 114)

A mesma autora exemplifica as novas tribos como aquelas que surgem especialmente nas cidades, as chamadas *tribos urbanas*, como esqueitistas, *punks*, góticos, *emos*, *rappers*, metaleiros etc.

Ingimage

Esqueitistas

Ingimage

Punk

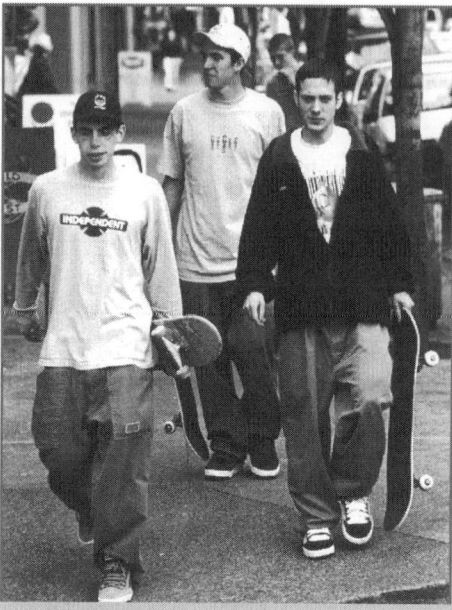

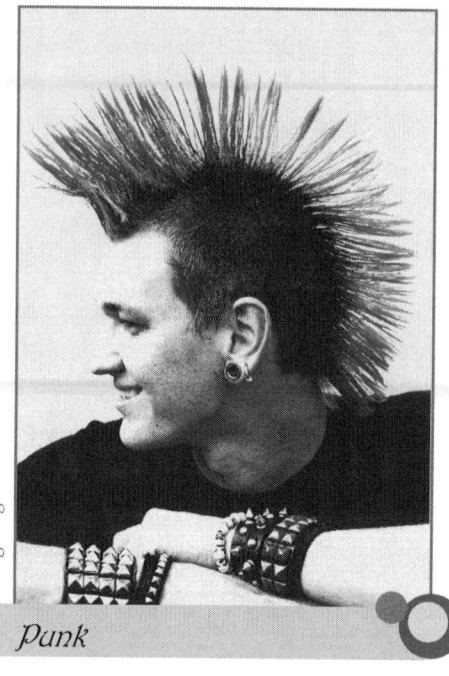

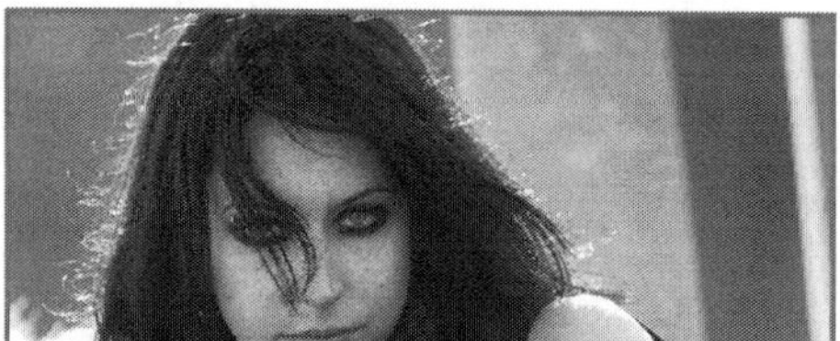
Photos to GO

Gótica

Photos to GO

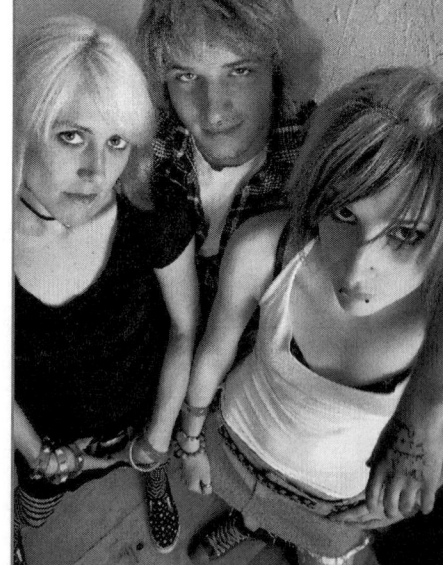

Emos

Rapper

Metaleiros

De fato, o estar junto é uma marca forte dessas comunidades tribais contemporâneas. A emoção é, para Maffesoli, o eixo de sustentação das tribos, pois, segundo o sociólogo francês, a pós-modernidade caracteriza-se pela recusa da racionalidade.

> *Emo* – Redução para *Emotional Hardcore* (*Emocore*), linhagem *punk*, de sons pesados e letras românticas. Essa tribo reúne, geralmente, adolescentes que, além da música, possuem em comum atitudes como a da expansão dos sentimentos e o uso de roupas e acessórios comuns, como brincos na boca, no nariz, na língua; cabelos com estilos em franja, os quais invadem a frente dos olhos; unhas e cabelos pintados etc. O sentimento de pertencimento, no caso dos *emos*, passa por provações advindas das constantes provocações e agressões que sofrem.
>
> Góticos – surgiram no Reino Unido, nos anos de 1970 e 1980. Além de um repertório musical comum, os góticos caracterizam-se pelas atitudes, como frequentar bares escuros e cemitérios, vestir roupas escuras, inclusive sobretudos, cabelos e unhas pintados, maquiagem com ênfase nas tonalidades preta e roxa. Eles são conhecidos também pelos temas que compartilham, como a questão da morte, vampirismo, niilismo, decadência etc.

Outras características das comunidades de Maffesoli são: efêmeras, pontuais, baseadas no presenteísmo, composição cambiante, localizadas, falta de organização rígida e estrutura formal (Recuero, 2006). São laços fracos, portanto, que vinculariam as tribos pós-modernas de Maffesoli.

Barry Wellman é um dos grandes nomes contemporâneos nos estudos sobre redes sociais na internet (redes virtuais), e é por esse caminho que ele segue suas argumentações sobre comunidade, termo que pensa ser dispensável por não dar conta de explicar as atuais relações sociais, muito mais parecidas com "redes", influenciadas pela internet*.

Segundo o filósofo canadense, há hoje uma superação da sociabilidade em caixas pequenas, ou seja, relacionamentos nos pequenos grupos de pertencimento. Nas suas palavras:

> Grande parte da organização social não cabe mais no modelo das pequenas caixas. O trabalho, a comunidade e o ambiente doméstico saíram dos grupos hierarquicamente arranjados, densamente conectados e com fronteiras fortes ("caixas pequenas") para redes sociais (Formalmente, um grupo é um tipo especial de redes sociais, mas é mais fácil comparar a metáfora do "grupo" com a metáfora da "rede"). (Wellman, citado por Recuero, 2006, p. 115)

Para Recuero, portanto, as redes sociais, especialmente as virtuais, vêm superando as relações pessoais, como as que denominou de *caixas pequenas*. Isso, porém, não significa o seu desaparecimento como relação social. Wellman distingue três momentos da sociabilidade: grupos, "glocalização" e individualismo em rede (as redes sociais). No primeiro momento, a socialização se dá no interior dos grupos; no momento da "glocalização" há uma relação mista entre relacionamentos intra e inter grupos, o que significa que os indivíduos atuam em diversas redes sociais, locais e globais (daí o nome *glocalização*), de variadas complexidades. O terceiro momento é típico das comunicações *on-line*, caracterizado pela flexibilidade de grupos e pela participação e envolvimento nesses grupos, sendo a dispersão geográfica uma característica marcante. Segundo Recuero (2006), o interesse seria o móvel das ações, e, por isso, caracterizam-se por serem redes personalizadas: "O individualismo, proposto por Wellman, é uma forma de relacionar-se através de comunidades

---

* Destaque-se que as tribos mencionadas anteriormente têm na internet um território importante de encontro e comunicação, além de este ser um meio importante de aquisição de conteúdos acerca de tais movimentos.

pessoais. Cada indivíduo possui sua própria rede de amigos para cada momento e situação de sua vida."

Destaque-se que Wellman não aprecia como negatividade o individualismo, mas como uma forma de "capital social", interesse ao qual os grupos se prestam com certa eficiência. No entanto, esse tipo de relacionamento surge em um momento social de relações mais fluidas e de laços mais fracos, característica da pós-modernidade.

Entrando no campo da discussão sobre comunidade no Brasil, tomamos a obra de Francisco de Paula Ferreira (1968) como um exemplo de estudo que procurou aprofundar essa questão. Embora seu livro date de 1968, sem dúvida as discussões por ele levantadas contribuem para o pensamento acerca da comunidade ainda hoje, até porque se verifica, em sua análise, as contribuições clássicas das matrizes sociológicas, especialmente a da vertente funcionalista.

No início de seu livro, Ferreira nos traz várias concepções de comunidade, o que é útil para os objetivos neste momento do livro, em que procuramos esquadrinhar as várias possibilidades de compreender a comunidade.

A primeira característica da comunidade, comum a uma série de autores, é a delimitação geográfica, ou seja, pessoas vivendo em um dado espaço claramente definido. Outro critério aventado pelo autor são os interesses vitais que unem as pessoas, o que não necessariamente se conjuga com a proximidade física. Outros autores, citados por Ferreira, aproximam os estudos de comunidade à chamada *ecologia humana*, isto é, o estudo da interação especificamente social. Nas suas palavras:

> Vista assim, a comunidade é um grupo localizado. No entanto, os limites de sua área são tão amplos quanto à interdependência existente entre os

que a compõem, sob os pontos de vista econômico e social, e não se confundem necessariamente com os limites administrativos ou políticos. [...] Os homens participam de uma comunidade em virtude das coisas que possuem em comum. O que eles precisam ter em comum para constituírem uma comunidade são objetivos, crenças, aspirações, reconhecimento, uma compreensão comum [...]. (Ferreira, 1968, p. 4)[*]

A citação anterior é razoavelmente clara no sentido de afirmar a comunidade como um grupo com forte interação social, tanto física, de interesses, quanto simbólica, como crenças etc. Diante de tal concepção não podemos nos furtar a lembrar os postulados de Émile Durkheim, segundo os quais os indivíduos entram na sociedade (processo de socialização) no interior de um grupo, o qual é provido de crenças, hábitos, normas, regras, objetivos etc., e para cada um dos indivíduos a tarefa social é a sua adaptação a esse grupo, o que significa

> A comunidade, portanto, é constituída da interação social, conceito funcionalista por excelência.

também adaptação às suas normas, regras, hábitos etc. A comunidade, portanto, é constituída da interação social**, conceito funcionalista por excelência. Nesse sentido, a experiência comunitária será tão mais intensa quanto mais qualidade existir nos processos de interação social entre os membros da comunidade.

Um dos autores adotados por Ferreira é R. M. McIver, que ele reconhece como um grande estudioso da questão da comunidade. Para McIver, segundo a interpretação de Ferreira, o que identifica a presença de uma comunidade é a vida comum que leva, e que

----

* Mesmo com essa definição, o autor não indica que haja consenso no conceito de comunidade. Ele, aliás, trabalha com vários autores, justamente tentando demonstrar a complexidade dessa definição sociológica.

** Essa definição de interação social, de cunho claramente funcionalista, nos é dada por Ferreira (1968, p. 5): "Chama-se interação social ao conjunto dos processos sociais analisados sob o ponto de vista de relações mútuas entre indivíduos e grupos. Tais são a oposição (competição e conflito) e a cooperação."

tem como primado o interesse coletivo, não o interesse particular. Não basta, portanto, a delimitação geográfica para a sua definição.

> Para merecer a denominação de "comunidade", a área deve, segundo esse autor, distinguir-se de áreas contínuas, e a vida comum deve ostentar características próprias que deem significados a seus limites. Toda vez que os homens vivem em coletividade, desenvolvem-se, em algum grau, aspectos comuns bastante determinados, como formas de comportamento, tradições, maneiras de falar etc., que constituem os sinais e os resultados de uma vida comum efetiva. (Ferreira, 1968, p. 9)

Ao lermos essa citação, não podemos deixar de dar certa razão ao autor no que se refere ao fato de que comunidade não se resume a uma área comum. Se levarmos em conta, por exemplo, que nas grandes cidades as pessoas residem em espaços compartilhados, como condomínios, veremos que mesmo assim não existe, nesses casos, necessária relação de vida comum, de interesses, de compartilhamentos etc.

> É até comum ouvirmos falar do estranhamento entre vizinhos, que, apesar de dividirem paredes, não se conhecem. Também é comum ouvirmos a respeito da "solidão em meio às massas", o que demonstra, claramente, que a presença física, a proximidade, enfim, não são garantias de relações comunitárias entre as pessoas.

McIver faz também a clássica distinção, já tratada aqui, entre comunidade e associação. Enquanto a primeira é integral, no sentido das relações humanas, da vida comum, a associação é parcial, pois o que vincula as pessoas a ela é a consecução de interesses (Ferreira, 1968, p. 10).

Outro autor analisado é Jacques Maritain (1882-1973), filósofo católico francês. Para esse autor, tanto a comunidade quanto a sociedade são "realidades ético-sociais, verdadeiramente humanas e não apenas realidades biológicas" (Maritain, citado por Ferreira, 1968, p. 10). No entanto, para esse filósofo francês, a comunidade estaria mais próxima das condições biológicas, como se o que une os homens lhes fosse algo precedente, independente das vontades individuais, criando uma *psique* coletiva, assim como costumes comuns, como os grupos étnicos, regionais, linguísticos etc. Na sociedade, como nas empresas, são justamente a vontade e a racionalidade que ditam as ações.

> Na sociedade, como nas empresas, são justamente a vontade e a racionalidade que ditam as ações.

Na explicação de Ferreira sobre a teoria de Maritain, vemos novamente a precedência da consciência coletiva, que determinaria os indivíduos em uma comunidade, retomando, assim, a concepção de fato social de Durkheim:

> Na comunidade, as relações sociais procedem de certas situações e de certos meios históricos: os padrões coletivos de sentimentos ou a psique inconsciente coletiva predominam sobre a consciência individual, fazendo com que o indivíduo apareça como um produto do meio social. (Ferreira, 1968, p. 11)

Para Maritain, portanto, a comunidade se caracteriza por ser uma organização "natural", a qual funciona determinando os destinos individuais, com uma coação tal que é irresistível para cada um ir contra os seus preceitos.

Outro pensador francês analisado por Ferreira é o sociólogo Georges Gurvitch (1894-1965). A discussão por este levantada acerca da comunidade separa três níveis de intensidade do "nós", ou seja, a unidade indissolúvel entre os membros do grupo social (relação entre "eu" e o "outro"): a massa, a comunidade e a comunhão (Ferreira, 1968, p. 13). Segundo a síntese de Ferreira (1968, p. 14):

A classificação parte, pois, da consideração da diferença de intensidade destas duas forças que a análise revela existirem no dinamismo do Nós: a força de atração que o Nós exerce sobre os Eus, que está em proporção direta com a intensidade da fusão de que o Nós se constitui; e a força da pressão exercida pelo Nós sobre os membros, em proporção inversa à intensidade da fusão.

De acordo com esse preceito de Gurvitch, quanto mais "atração" existe entre os indivíduos e o grupo, mais intensidade se encontra nas relações sociais de forma espontânea; por outro lado, quanto mais "pressão" for preciso, significa que o "nós" não exerce, naturalmente, influência e, por isso, precisa utilizar de outros meios de coerção para que se constituam as relações sociais.

> Na "massa", a pressão é máxima, haja vista que nesse tipo de grupo as relações sociais são mediadas pela coerção de leis, que obrigam, de fora, à convivência, ao respeito etc. entre os membros do grupo social. Na outra ponta, a "comunhão" implica a máxima atração entre os membros, com mínima pressão, havendo forte participação dos indivíduos. Na massa, os indivíduos se sentem "pressionados" a participarem, enquanto na comunhão há uma "atração" que leva a uma participação espontânea. Geralmente, o número de pessoas na "massa" é muito maior que na "comunhão", o que, também, é indicativo da intensidade das relações entre os indivíduos do grupo social.

Nessa forma de compreender as organizações sociais, a comunidade encontra-se no equilíbrio entre a coerção/pressão exercida na "massa" e a forte coesão encontrada na "comunhão". Quanto ao número de membros, a comunidade pode ser maior que a "comunhão", mas nem de longe pode se parecer com a "massa", haja vista que existe um limitador da força de coesão comunitária. Por se encontrarem na "média" entre coerção e coesão, entre "atração" e "pressão", as comunidades são grupos mais estáveis e frequentes, e, segundo Ferreira (1968, p. 16), "é a forma que mais favorece a sociabilidade organizada".

Após fazer esse levantamento dos autores que estudaram a questão da comunidade, finalmente Ferreira se propõe a uma "definição conciliatória", baseado no sociólogo católico brasileiro José Arthur Rios, para quem a comunidade não se baseia primariamente em interesses de ordem econômica, sendo, valorativamente, um "tipo superior de convivência" (Ferreira, 1968, p. 19). Em síntese, a comunidade:

> nos parece como um grupo humano vivendo em área geográfica contígua, caracterizado por uma trama de relações e contatos íntimos, possuindo a mesma tradição e os mesmos interesses, mais a consciência da participação em ideias e valores comuns. (Rios, citado por Ferreira, 1968, p. 18)

Para o que interessa aos limites deste livro, as considerações até aqui apresentadas são suficientes para, posteriormente, discutirmos as características da comunidade escolar. Todavia, antes de encerrarmos este capítulo, apresentamos a seguir uma crítica ao conceito de comunidade funcionalista, que é um elemento comum a todas as formas até aqui trabalhadas.

1.2 Estudos de comunidade no Brasil

Trazer à tona, neste livro, os "estudos de comunidade", tema característico das ciências sociais dos anos 1940 e 1950 no Brasil*, tem o sentido de caracterizar, de forma mais detida, o cunho sociológico da questão "comunidade" e o sentido que os estudos foram tomando

---

* Koffes (1996) aponta que as críticas aos estudos de comunidade podem ser situadas na década de 1970. Oracy Nogueira fez um primeiro balanço em 1953 (Nogueira, 1977), e Octavio Ianni fez a crítica nos anos de 1960 (Ianni, 1961). Ainda que consideremos relevantes as críticas advindas de uma concepção crítica e de totalidade, o estudo de comunidade, focando empiricamente um território delimitado, urbano ou rural, traz contribuições importantes para a compreensão dessa realidade, geralmente pequenas cidades, vilas ou comunidades tradicionais. A crítica está focada na incapacidade de esses estudos não conseguirem alcançar a relação entre o "específico e o geral", ou seja, a relação da comunidade com a sociedade mais ampla, à qual pertence inexoravelmente. Esse limite, na verdade, refere-se aos limites típicos dos estudos etnográficos em geral.

quando se referiam a pequenos grupos, localizados em determinado território geográfico e integrado em uma ampla e complexa estrutura social (Nogueira, 1977), o que caracteriza perfeitamente o âmbito da comunidade escolar.

Ainda como justificativa, podemos dizer que esses estudos auxiliam no desenvolvimento dos trabalhos acadêmicos de cunho etnográfico (Castro, 2001), ou seja, caracterizados pelo mergulho do pesquisador na cultura local da comunidade, buscando, por meio de várias técnicas – entre elas, a entrevista e a observação são privilegiadas –, compreender os significados expressos pelos atores sociais envolvidos nas relações sociais estudadas. Dessa forma, estudos de comunidade são uma fonte de inspiração para estudos etnográficos sobre a escola, recurso este pouco utilizado, mas de grande potencial analítico.

Um grande nome dos estudos de comunidade no Brasil é Oracy Nogueira, que desde 1953 já vinha realizando estudos sistemáticos do que denominou como "um verdadeiro movimento intelectual, o mais vigoroso, até o momento, na história sociológica no país" (Nogueira, 1977, p. 176), que, então, abrangia 17 estudos de norte a sul do país. Tais estudos foram introduzidos no Brasil pelas pesquisas de Donald Pierson, sociólogo norte-americano pertencente à chamada "Escola de Chicago", e Emílio Willems, sociólogo alemão radicado no Brasil*.

Para iniciar essa caracterização dos estudos de comunidade,

---

* Em síntese, podemos identificar a Escola de Chicago como um grupo de pesquisadores do Departamento de Sociologia da Universidade de Chicago que se dedicaram aos estudos urbanos de Chicago, utilizando-se do método etnográfico de pesquisa. Essa escola teve grande influência na formação da sociologia no Brasil, inclusive com a vinda de Pierson, em 1935, que gerou uma série de publicações sociológicas, especializadas em mergulhar na compreensão de pequenas comunidades (*Cruz das Almas: a brazilian village*, de 1951; *Negroes in Brazil: a study of race contact at Bahia*, de 1942, entre outras). Emílio Willems publicou, entre outros, um estudo sobre a cidade de Cunha-SP: *Uma vila brasileira: tradição e mudança*, cuja publicação se deu em 1961, e outro sobre a imigração alemã, *Aculturação dos alemães no Brasil*, publicado em 1946.

vejamos o que diz Nogueira (1977, p. 172):

> Por "estudos de comunidade" temos em vista aqueles levantamentos de dados sobre a vida social em seu conjunto, relativos a uma área cujo âmbito é determinado pela distância a que se situam, nas várias direções, os moradores mais afastados do centro local de maior densidade demográfica, havendo entre os moradores do núcleo central e os da zona circunjacente, assim delimitada, uma interdependência direta para a satisfação de, pelo menos, parte de suas necessidades fundamentais.

Nessa caracterização, o autor delimita o espaço dos estudos de comunidade ao território delimitado, o que nos conduz, de certa forma, a muitas conceituações apresentadas na primeira parte deste capítulo. É interessante notar que o autor afirma que o objetivo desses estudos é o levantamento da "vida social em seu conjunto", o que nos remete a pensar que tais estudos possuem a característica de buscar apreender as experiências ocorridas nessa comunidade, o que expressa as várias manifestações da vida social, especialmente, no que nos interessa quanto à comunidade escolar, as expressões dos membros da comunidade acerca das relações com a escola.

> De certa forma, o autor aponta a necessária relação entre o microcosmo da comunidade e suas relações com o meio circundante, algo que é pleiteado pela crítica aos estudos de comunidade. Sua proposta contém, portanto, um princípio de busca de totalidade, a qual precisa ser desenvolvida nos atuais estudos da relação entre escola e comunidade. De fato, em outro momento do texto, o autor afirma categoricamente essa relação entre o estudo da comunidade local e a necessária vinculação à sociedade mais complexa de que faz parte. Consorte (1996) enxerga essa concepção como uma abordagem que vincula o particular e o geral, o local e o universal.

Além do mais, Nogueira aponta que os estudos de comunidade enfatizam, e nisso têm seu ponto forte, as expressões subjetivas e interindividuais da vida social, que são reveladoras dos mecanismos reprodutores inerentes a estas manifestações comunitárias, algo que identifica essa forma de organização social. Esses estudos, metodologicamente, confrontavam-se com certa tradição positivista de sociologia, que se focava em "exterioridades" e na quantificação de dados (Nogueira, 1977; Consorte, 1996).

> Nogueira compartilhava a concepção de que os estudos de comunidade, ao se debruçarem sobre uma determinada realidade local, desvendando mecanismos objetivos e subjetivos acerca da sua dinâmica social, poderiam contribuir com as intervenções estatais nessas localidades, fornecendo aos agentes do Estado condições de compreenderem melhor o contexto em que trabalhavam, bem como chamando a atenção para a necessidade de investimentos públicos nessas localidades. Fazem isso "mostrando o seu lado dramático e humano, seus problemas e suas dificuldades, suas condições reais e suas aspirações, seus recursos e sua experiência" (Nogueira, 1977, p. 177).

Não é sem razão que podemos inferir que tais estudos, se bem aplicados nos contextos de relação escola-comunidade, podem oferecer, aos agentes preocupados com as discussões acerca dos problemas enfrentados hodiernamente na escola, saídas fundamentadas nas condições objetivas e subjetivas da comunidade.

> *Mas, de fato, como se realizavam as pesquisas nas comunidades? Quais as técnicas utilizadas na prática? Podem elas nos ajudar a compreender as relações entre escola e comunidade?*

Segundo Nogueira (1977, p. 172), as principais técnicas utilizadas nas pesquisas sociológicas de comunidade são a entrevista e a observação sistemática, ambas as técnicas possíveis de ser implementadas nas pesquisas envolvendo a comunidade escolar. Nessa análise, iremos sempre nos basear no próprio texto de Nogueira, pela importância histórica de sua contribuição à pesquisa social, e, também, nos basearemos no texto de Alessandro de Melo e de Sandra Terezinha Urbanetz (2009).

> Em termos formais, pode-se conceber a entrevista como um "interrogatório direto do informante ou pesquisado pelo pesquisador, durante uma conversa face a face" (Nogueira, 1977, p. 111).

A partir disso, entrevistar significa estar com uma pessoa que possui, pela sua vivência, conhecimentos, aptidões, talentos ou formação, algo relevante a ser dito, e que, especificamente, seja do interesse do objeto da pesquisa que se está desenvolvendo. A entrevista, portanto, não é uma conversa livre, mas, sim, dirigida a determinado interesse, por mais que o seu desenvolvimento traga, por si próprio, uma espécie de prazer subjetivo ao pesquisador*.

> A entrevista, no entanto, é um instrumento tão importante quanto polêmico. Existem questionamentos em relação à validade científica das informações prestadas pelo entrevistado, devido à possível influência mútua no momento da entrevista, o que pode ocorrer por diversos motivos, mesmo à revelia da consciência do pesquisador: inflexão de voz do entrevistador, expressão fisionômica no momento da pergunta e na audição das respostas, gestos, movimentos do corpo etc.

Nogueira (1977, p. 111) traz ainda outra preocupação em relação

---

* Não podemos desprezar esse elemento subjetivo, pois ele está presente nas entrevistas concedidas por pessoas que temos em alta conta e que se dispõem a serem entrevistadas.

à entrevista: a necessidade de o pesquisador se fazer compreender perfeitamente pelo entrevistado. A falta de compreensão, seja das perguntas parciais, seja do objetivo geral da pesquisa, pode ser empecilho para o sucesso da entrevista. Outra "dica" do autor para os entrevistadores é que usem de franqueza e sinceridade para com os entrevistados, pois nada pode levar mais ao desgaste de uma relação do que a percepção, por parte do entrevistado, de que possa estar sendo vítima da "astúcia" do pesquisador.

> *A confiança mútua é fundamental para a entrevista ter sucesso.*

Apesar dos percalços que podem advir do uso da entrevista, esta é um instrumento indispensável nas pesquisas sociais e, com relação ao estudo da comunidade escolar, fundamental para captar as representações dos agentes envolvidos no processo educativo. Nogueira aponta a necessidade da entrevista nos seguintes termos: "Deve-se recorrer à entrevista sempre que se tem necessidade de dados que não podem ser encontrados em registros ou fontes documentárias e que se espera que alguém esteja em condições de prover" (Nogueira, 1977, p. 113).

Por essa via, pode-se depreender que se o objetivo da pesquisa é conhecer as opiniões das famílias em relação à escola de seus filhos, ou sobre como enxergam a participação da comunidade na gestão da escola, então nada melhor que recorrer às próprias pessoas. E, a depender da concepção defendida pelo autor mencionado, a melhor estratégia para conseguir que as pessoas falem é, primeiramente, criar o desejo de falar no entrevistado e, posteriormente, deixar que sua narrativa siga o mais livremente possível.

Em geral, os dados obtidos através de narrativas livres têm mais valor, embora sejam menos completos do que as informações obtidas através de interrogatório. Assim, será conveniente deixar que o entrevistado esgote o assunto espontaneamente, para depois fazer perguntas que o levem a completar o relato feito, adicionando detalhes consciente ou inconscientemente omitidos. (Nogueira, 1977, p. 114)

> Em geral, os dados obtidos através de narrativas livres têm mais valor, embora sejam menos completos do que as informações obtidas através de interrogatório. Assim, será conveniente deixar que o entrevistado esgote o assunto espontaneamente, para depois fazer perguntas que o levem a completar o relato feito, adicionando detalhes consciente ou inconscientemente omitidos (Nogueira, 1977, p. 114).

Veja que o autor, ao mesmo tempo que propõe certa liberdade ao entrevistado, o que de fato parece ser razoável em uma situação em que ele é convidado a falar, propõe também, por outro lado, o direcionamento necessário para a captação mais aprofundada dos conteúdos que podem ser explorados, o que exige certo direcionamento da entrevista.

Há também que se destacar a necessidade de algumas competências por parte do entrevistador, sendo uma delas o prévio conhecimento do contexto de que fala o entrevistado.

> Claramente isso não pode significar duas coisas: que o entrevistador saiba mais que o entrevistado, o que eliminaria a necessidade da entrevista, e que o entrevistado, de posse desses conhecimentos prévios, pense ou se comporte como se soubesse mais que o entrevistador, assumindo uma atitude professoral (Nogueira, 1977).

Outra competência do entrevistador, que Nogueira aponta como mais um perigo da coleta de dados pela entrevista, é saber diferenciar equívocos de informações, erros constantes e verdades omitidas. Na relação entre escola e comunidade é comum a existência de atritos de interesses, o que pode levar os vários sujeitos entrevistados a assumirem posicionamentos pouco racionais ou, até mesmo, injustos. O perigo, no entanto, é que a pesquisa não leve em conta o contexto dessas posições e as tome como verdadeiras, ainda mais quando assumem caráter verdadeiro pela repetição. Por essa via, percebe-se que a entrevista, por melhor instrumento que seja, não pode ser usada exclusivamente, correndo-se o perigo, se isso for feito, de reproduzir como resultado apenas posições fundadas no senso comum, motivadas por vieses pouco racionais.

> Melo e Urbanetz (2009) encaminham a discussão sobre a entrevista levantando três pontos centrais:
> 1 relação entrevistador-informante;
> 2 método de registro das entrevistas;
> 3 ouvir com atenção e respeito.

Na verdade, as questões levantadas por esses autores não se contradizem com as assertivas de Nogueira (1997); são, na verdade, complementares.

Com relação ao primeiro ponto, os autores partem da perspectiva de Bourdieu (1997) sobre a violência simbólica. Nesse sentido, a entrevista se constitui em um momento de interação solidária, especialmente nos casos em que ambos pertencem a classes sociais diferentes. Soma-se à sinceridade e franqueza, levantadas por Nogueira, o respeito e a simpatia, no seu sentido mais amplo, de o pesquisador se colocar no "lugar" do entrevistado. Nesse ponto encontra-se também a segurança que o entrevistador deve passar ao informante, no sentido de que este perceba a relevância daquilo que está falando, e de que o uso do material será exclusivamente para fins científicos.

Quanto ao método de registro da entrevista, a preocupação é quanto à apreensão da fala do entrevistado, que, pelas suas características, resulta em vasto material escrito, adequado ao formato exigido pelo contexto acadêmico. Significa dizer que há uma diferença entre o que se fala e o que se escreve sobre o que se fala: a transcrição da fala. De qualquer forma, sem querer solucionar de vez essa histórica questão da entrevista[*], o elemento mais importante no registro é a procura de se apropriar de tudo o que se deu ao longo da entrevista, tanto os conteúdos, que podem ser gravados (com prévia autorização consciente do entrevistado), quanto o que se refere aos gestos, movimentos, pausas, tonalidades da voz etc., que podem se somar na tentativa de apreender a totalidade das intenções do entrevistado.

Quanto ao último ponto, o pesquisador/entrevistador deve se manter, ao longo da entrevista, o mais "neutro" possível quanto aos posicionamentos do entrevistado, haja vista que a apreensão, por parte deste, de quaisquer reprimendas, caso estas sejam de ordem moral, por exemplo, uma desaprovação tácita advinda de expressões de reprovação etc., pode causar o rompimento dos laços entre os atores da pesquisa.

Quanto à observação, afirma Nogueira (1977) que este é um método também fundamental para o estudo de comunidades, e parte do pressuposto, que ele denota como sendo universal, de que a verdade científica advém, de alguma forma, dos sentidos e que, pela observação, podemos ouvir e ver os membros da comunidade escolar, seus movimentos, contradições etc.

Mas não se trata de qualquer tipo de observação, afinal de contas a *observação espontânea*, ou assistemática, leva a inúmeros

---

[*] Além do estudo de Nogueira, lembramos o clássico estudo de Maria Izaura Pereira de Queiroz sobre a técnica de gravação, também realizado ao longo dos anos 1950 (Queiroz, 1983).

problemas de ordem metodológica, implicando, inclusive, em prenoções, pressuposições e preconceitos. As observações espontâneas são aquelas que realizamos cotidianamente, sem a preocupação de um conhecimento rigoroso sobre determinado objeto. Nogueira (1997, p. 83-84) levanta algumas dificuldades desse tipo de observação:

- é casual e esporádica;
- parcialidade e visão deformada, conforme a posição do sujeito na sociedade;
- inseparabilidade entre observação e prenoção;
- foco no pitoresco e excepcional;
- ausência de anotações sistemáticas e um planejamento.

No entanto, segundo o autor, dois problemas se acentuam na espontaneidade das observações: as prenoções e a representatividade. Com relação à primeira, entra-se no histórico conflito existente em toda e qualquer pesquisa social, qual seja, o fato de que ninguém pesquisa algo do qual não se conheça nada e, portanto, tais conhecimentos prévios podem fazer obstruir a capacidade de ser objetivo na coleta e análise dos dados.

> Há uma herança na sociologia, na linhagem de Durkheim, que luta pela "neutralidade" do pesquisador em face da realidade estudada, e isso se torna possível, segundo essa perspectiva, pelo uso racional dos meios científicos, dos instrumentos de pesquisa racionalmente planejados e pela isenção do pesquisador.

No entanto, essa é uma discussão que não se encerrou, e em cada caso particular de pesquisa devem-se tomar fortes cuidados metodológicos para não ultrapassar, na observação, os limites aceitos pela ciência.

> A representatividade é importante pelo fato de que, cotidianamente, fazemos generalizações apressadas, levando em conta apenas o conhecimento que temos no momento, e restrito às nossas possibilidades e intenções. No entanto, generalizar pode significar generalizar preconceitos, prenoções etc., sem que se faça justiça com o objeto que nos absorve.

Todas essas questões são relevantes para o nosso estudo da comunidade escolar, afinal de contas, o pesquisador estará lidando com pessoas frente às quais não está isento de opiniões e, por outro lado, estará lidando com pessoas que têm suas próprias opiniões, além de que tudo isso entra em combate na formulação dos resultados da pesquisa.

Existe, porém, um papel que a observação espontânea cumpre: que é o de ser a mediação para a escolha do objeto a ser estudado, ou seja, é pela observação que temos de determinados fatos ou comunidades que somos levados a inquirir tal realidade sob uma forma mais científica. A observação espontânea, portanto, pode ser a porta que leva o pesquisador à escolha do objeto de estudo. Aquilo que temos como pressuposições pode ser utilizado como hipóteses a serem levadas à prova durante a pesquisa sistemática.

Nogueira (1997, p. 87) define assim as características da observação sistemática:

> pressupõe uma delimitação precisa no campo da investigação, tanto no tempo como no espaço. Em geral, em função do que se pretende estudar, escolhe-se onde fazer o estudo. Uma vez escolhido o campo para o estudo a se efetuar, passa-se a observar o fenômeno, acontecimento ou aspecto em que se está interessado, durante o período contínuo de tempo necessário para que o fenômeno, acontecimento ou aspecto seja apreendido em todo o

seu ciclo ou em todas as suas partes ou características essenciais.

É importante lembrarmos que o autor, nesse caso, tinha como referência os estudos de comunidades realizados no Brasil e que, de fato, delimitavam um lugar (uma cidade, geralmente) e um determinado tempo ou aspecto cultural, como contato racial, mudanças na forma tradicional de vida etc. Os pesquisadores realizavam suas pesquisas imersos nessas localidades por um período de tempo razoável de tal modo que, assim, efetivamente pudessem alcançar uma massa de dados de observação suficientes para análise dos aspectos que se buscava compreender.

O mesmo caminho pode ser percorrido, ainda hoje, nos estudos que efetivamos acerca da comunidade escolar. É preciso que tomemos como ponto de partida uma determinada localidade/escola/comunidade escolar. Com base nas observações prévias, passamos para o levantamento de algumas hipóteses de trabalho, que poderão ou não ser comprovadas; depois disso, é preciso um planejamento da pesquisa, que envolve, entre outros elementos, um planejamento do tempo de observações, entrevistas etc., suficiente para se chegar a uma densidade de dados acerca daquela localidade/escola/comunidade escolar escolhida como foco de estudo.

Esse "tempo" deve respeitar os ciclos já existentes que determinam a dinâmica do objeto, o que, no caso da comunidade escolar, pode ser inferido pelo período letivo de um ano escolar, ou pode ser o pequeno ciclo de um semestre ou, até mesmo, a depender do caso, de um bimestre. De qualquer forma, a observação sistemática em campo deve respeitar esse tempo e deve-se justificar, em cada caso, a necessidade desta delimitação na observação.

Claro está que essa não é a única forma de estudar a comunidade escolar, mas também não podemos negar a sua efetividade, caso o pesquisador leve rigorosamente a efeito os passos elencados da pesquisa*. No mínimo, os resultados alcançados por esse tipo de pesquisa podem gerar uma descrição profunda de cada realidade localizada no âmbito da comunidade.

Somente é necessário reafirmar algo já discutido anteriormente, sobre o fato de que o estudo de comunidade pode redundar, se não se precaver contra isso, em uma descrição de uma localidade sem contextualização. Tomando esse princípio como paradigma para um estudo de sucesso faz-se necessário, sempre, apreender dinamicamente como as características da comunidade se vinculam ao contexto maior em que ela existe. Garante-se, dessa forma, a apreensão da relação entre a singularidade da comunidade e sua relação com a generalidade, ou seja, com o contexto mais amplo e com a universalidade, ou seja, sua relação com a humanidade, afinal de contas, é de seres humanos que se compõe a comunidade.

Da mesma forma, há de se apreender como as relações macrossociais afetam a comunidade local e, assim, determinam o seu modo de ser, de agir, de compreender as coisas do mundo etc. No caso das comunidades escolares, é nítido que o senso comum acerca da educação, do seu papel social, da crise social da educação etc. afeta a todos de forma semelhante e, dessa forma, afeta também a relação entre a escola e a comunidade.

> A questão é saber de onde vêm as raízes dessa crise, que se expressa, por exemplo, nas falas dos pais sobre a escola, ou na relação conturbada entre professores e alunos, ou na falta de motivação para frequentar a escola, por parte dos alunos, ou, ainda, na crença de muitos professores sobre o vínculo estreito entre classe social e sucesso/fracasso escolar, além de outras.

---

* Lembramos que não é o caso aqui de aprofundarmos as técnicas de pesquisa. Para isso, indicamos a obra de Melo e Urbanetz (2009).

A violência escolar, característica marcante na contemporaneidade, pode se expressar de formas diferenciadas nas diferentes comunidades escolares, mas, de certa forma, elas são expressões fenomênicas de algo maior, que atinge a todos.

> *Diante de uma questão dessas, basta descrever como se dá a violência em determinada comunidade escolar? Ou é preciso apreender o fenômeno da violência como algo macrossocial e que, por diversas mediações, atinge desta ou daquela forma a comunidade escolar estudada?*

A resposta a essas questões passa, também, pela perspectiva do estudo a que se almeja, mas, claro, não há dúvida de que, se alcançar as mediações entre a situação macrossocial e a comunidade escolar específica, o estudo resultará mais completo e pertinente para aqueles que querem compreender a violência escolar em geral.

Essa, como vimos, é uma discussão que perpassou os estudos de comunidade na sociologia brasileira e que tem repercussões metodológicas para os nossos estudos de comunidade escolar até hoje.

Síntese

Neste primeiro capítulo do livro, o objetivo foi gerar uma aproximação inicial ao tema da comunidade, em uma perspectiva sociológica. Para isso, discutimos a categoria comunidade na literatura sociológica, especialmente a que distingue comunidade e sociedade. Trata-se comunidade como um grupo geograficamente próximo, mais coeso socialmente, unido por laços tradicionais de vizinhança, de identidade e com estilos de vida compartilhados. Sociedade, nessa concepção, é uma organização mais ampla e complexa cujos laços entre os indivíduos e grupos não são tão próximos e, também, são mais racionalizados.

Os estudos de comunidade no Brasil foram destacados mais adiante no capítulo, para que os estudantes pudessem conhecer essa tradição de pesquisa que foi herdada da sociologia americana e que teve grandes nomes no Brasil, entre eles Oracy Nogueira, que foi um dos seus sistematizadores. A partir deste capítulo, poderemos avaliar as relações sociais na comunidade escolar e verificar, analiticamente, se entre os seus membros existem ou não laços comunitários. Afinal de contas, não podemos deixar de verificar que a maioria das escolas, atualmente, faz parte da sociedade complexa, além de que existem muitas escolas localizadas em pequenas vilas, nas quais podemos verificar laços de proximidade entre as pessoas, característicos da comunidade.

Indicações culturais

Filme

DOGVILLE. Direção: Lars Von Trier. França: Lions Gate Entertainment/ California Filmes, 2003. 177 min.

Este filme é excelente para discutir as relações comunitárias e sociais, assim como os laços entre as pessoas e o caráter destas diante de determinadas situações. Outra questão favorável ao uso desse filme é sua ousadia na forma: todo ele é passado em um tablado de teatro, onde Dogville é uma cidade pintada no chão.

Livro

CÂNDIDO, A. Parceiros do Rio Bonito. 9. ed. São Paulo: Ed. 34, 2001.

O clássico estudo de Antônio Cândido, um dos maiores intelectuais vivos do Brasil, trata de uma etnografia de uma pequena cidade do interior paulista, Bofete, que constrói o perfil do chamado caipira. *Todo o esforço do autor é o de analisar as relações entre as pessoas da cidade, seus laços, as formas de organizarem a vida etc. É uma ótima oportunidade de ler um clássico da sociologia e antropologia brasileira, além de ser um estudo que nos leva a compreender as comunidades tradicionais brasileiras.*

Atividades de autoavaliação

1. Indique se as afirmações a seguir são verdadeiras (V) ou falsas (F):

    ( ) O que distingue comunidade e sociedade é a quantidade de pessoas envolvidas, segundo o sociólogo alemão Ferdinand Tönnies.

    ( ) Para Tönnies e outros autores, a comunidade carrega um sentido positivo de sociabilidade, ao contrário da sociedade, para a qual são destinadas análises de negatividade.

    ( ) Há uma forte relação interpessoal na forma comunitária de organização social.

    ( ) Pode-se afirmar, com base no conceito de comunidade, que a comunidade escolar é uma organização de pessoas que, perante o problema educacional, não partilham objetivos comuns, ao contrário, disputam seus próprios projetos.

    Assinale a alternativa que corresponde corretamente à sequência obtida:

    a) V, F, V, V.
    b) V, F, F, V.
    c) F, V, V, F.
    d) F, V, V, V.

2. Sobre comunidade, é correto afirmar que:

    a) ela pode ser baseada em relações de parentesco e por relações trabalhistas, como as que existem entre empregador e empregado.

    b) na comunidade, o parentesco, a vizinhança e as amizades são formas de sociabilidade.

    c) a comunidade é um grupo de pessoas vinculadas por laços legais.

d) na comunidade, o espaço geográfico não tem relevância nenhuma.

3. Assinale verdadeiro (V) ou falso (F) para as seguintes afirmações:

( ) A comunidade, tal como a definiu o sociólogo Tönnies, assemelha-se ao conceito de solidariedade orgânica, de Émile Durkheim.

( ) A solidariedade mecânica indica uma racionalização dos papéis sociais, baseados na legislação.

( ) Solidariedade mecânica e solidariedade orgânica são conceitos advindos da teoria de Durkheim e podem explicar, sucessivamente, a comunidade e a sociedade.

( ) Nas teorias de comunidade, destacam-se as concepções de que na comunidade é possível construir relações pessoais, mediadas pela tradição e amizade.

Assinale a alternativa que corresponde corretamente à sequência obtida:

a) V, F, V, V.
b) V, V, F, V.
c) F, V, F, V.
d) F, F, V, V.

4. Sobre os estudos de comunidade, assinale a alternativa incorreta:

a) Esses estudos foram introduzidos no Brasil sob influência da sociologia alemã de Max Weber.

b) Esses estudos, que foram influenciados pelo método etnográfico, são baseados nos princípios da "Escola de Chicago".

c) Esses estudos eram delimitados por uma área geográfica.

d) Com base nesses estudos, podemos pensar em métodos de estudo da comunidade escolar.

5. Sobre os métodos de estudo de comunidade, assinale (V) para verdadeiro e (F) para falso:

( ) Os principais métodos são a entrevista e a observação sistemática.

( ) As entrevistas, nos estudos de comunidade, são importantes, pois os atores sociais podem expressar os seus conhecimentos e vivências.

( ) Na observação sistemática, o pesquisador se coloca vivenciando o cotidiano, observando os detalhes e descrevendo-os.

( ) Ambos os métodos, entrevista e observação sistemática, não são passíveis de serem utilizados no estudo da comunidade escolar, já que se referem a métodos utilizados nos anos 1940 e 1950.

Assinale a alternativa que corresponde corretamente à sequência obtida:

a) V, F, V, F.
b) F, V, F, V.
c) V, F, F, V.
d) V, V, V, F.

Atividades de aprendizagem

Questões para reflexão

1. Como os conceitos de comunidade e sociedade podem auxiliar no estudo da comunidade escolar? Justifique a resposta a partir da leitura deste primeiro capítulo, salientando seu conhecimento acerca desses conceitos.

2. Você acredita que a comunidade escolar pode, realmente, se constituir em comunidade, no sentido aqui explicitado? O que seria necessário para que isso ocorresse? Justifique.

Atividade aplicada: prática

Faça uma descrição, a mais detalhada possível, de uma escola em que você estudou. Descreva as relações existentes nessa escola. Utilize, para isso, suas lembranças e a capacidade de descrição detalhada, além de, se possível, entrevistas com pessoas que faziam parte da comunidade escolar. Responda: estas relações se aproximam do conceito de comunidade? Justifique.

2

A relação entre família e escola como objeto da sociologia da educação

Neste capítulo, o objetivo é estudarmos a instituição familiar como determinante das relações entre comunidade e escola, afinal de contas, a família, sendo o principal núcleo de socialização das novas gerações, lócus privilegiado do percurso escolar das crianças, deve ser estudada de forma mais atenta. Sem dúvida que, para a escola, ouvir a família, compreender essa instituição, sua história, sua evolução no tempo, seu formato contemporâneo, sua dinâmica social etc. é um elemento que favorece a sua ação educativa, bem como é fator de realização de seu papel social na sociedade contemporânea.

Claro está que essa relação não esgota o potencial realizador da escola, pois esta deve dialogar com outras instituições sociais, as quais a determinam, direta ou indiretamente, como, principalmente, as instituições infraestruturais vinculadas ao trabalho e à produção. Mas, sem dúvida, é a família que cotidianamente se relaciona com a escola; é seu projeto formativo particular – as relações geracionais, entre pais e filhos, ou entre os sujeitos mais velhos e os mais novos da família – que está diretamente vinculado ao projeto formativo da escola; são os valores familiares que entram em conflito ou em sintonia com os valores dos professores ou da escola; enfim, é na escola e na família que as crianças se socializam prioritariamente, no início de suas vidas em sociedade.

Portanto, para apreender essa relação fundamental entre escola e família, este capítulo será dividido em quatro tópicos. No primeiro tópico, será analisada a contribuição do sociólogo da educação Aquilles Archêro Júnior, cujo livro *Lições de sociologia educacional*, publicado em 1936, é um importante documento para uma visão histórica, no interior da sociologia educacional, sobre a relação entre família e educação. No segundo tópico, serão estudadas a influência do Método Paulo Freire e a relação estreita entre educador, escola e comunidade como parte integrante dos conteúdos educativos no processo de alfabetização de adultos, as quais vêm influenciando sobejamente muitos educadores até hoje em dia. O terceiro tópico será dedicado ao estudo de parte da obra do sociólogo Luiz Pereira, *Escola numa área metropolitana*, publicada em 1960, na qual o autor estuda a relação entre família e escola na periferia de uma cidade industrial, localizada na Grande São Paulo. No quarto tópico, traremos uma pequena análise da sociologia educacional contemporânea brasileira, baseada na obra do sociólogo francês Pierre Bourdieu (1930-2002), cuja relevância tem sido estudada por diversos autores (Nogueira, 2002; Nogueira; Nogueira, 2002; Nogueira; Aguiar, 2007; Nogueira; Catani, 2009; entre outros).

2.1 Família e educação na obra de Achiles Archêro Júnior

Os tratados de sociologia educacional brasileiros nunca deixaram de lado, de um modo ou de outro, a relação entre a escola e outras instituições sociais, em especial a família, que é a principal instituição presente na comunidade escolar, diretamente interessada nos destinos da escola, pois é nela, e cada vez mais, que se depositam as apostas no futuro das novas gerações.

Partindo desse pressuposto, neste tópico do capítulo iremos trazer para a reflexão o texto de Achiles Archêro Júnior (1936), que trata especificamente do tema *família e educação*. O autor nasceu no Uruguai, em 1907, com formação em Pedagogia e Filosofia pela Faculdade de Filosofia, Ciências e Letras da Universidade de São Paulo*.

O livro de Archêro Júnior (1936), *Lições de sociologia educacional*, tem como público-alvo estudantes, professores e outros profissionais das Escolas Normais do Estado de São Paulo, e resulta do exercício profissional do autor na Escola Normal de São Carlos, entre os anos de 1933 e 1934, e no Instituto de Educação da Universidade de São Paulo.

O segundo capítulo do livro de Archêro é destinado ao estudo da família e da educação, inspirado na sociologia durkheimiana. A premissa de que parte Archêro Júnior (1936, p. 53) é que a importância da família para a educação se dá pelo fato de que é nela que se realiza a primeira fase da educação das crianças e, segundo ele, disso depende o futuro dessas crianças.

> É no cotidiano familiar que as crianças veem o mundo pela primeira vez, e por meio dessa convivência são gerados os conceitos ou ideias acerca do mundo. "É na família que se recebem os primeiros princípios, aqueles cuja influência se fará sentir durante a vida inteira*"" (Archêro Júnior, 1936, p. 54).

---

* Os dados sobre a biografia desse autor não são facilmente encontrados. As informações dadas por Mário Wagner Vieira da Cunha, em entrevista publicada na revista *Tempo Social* (Pinheiro Filho; Miceli, 2008), não coincidem com os dados presentes no Lições de sociologia educacional, aqui estudado. O autor ficou famoso por outro manual de sociologia, o Lições de sociologia, publicado em 1933.

** Pensamos ser desnecessário manter a grafia da época e, por isso, as citações serão grafadas conforme estabelecem as atuais regras gramaticais.

A concepção anteriormente apontada, presente na obra *Lições de sociologia educacional*, indica a clássica denominação da família como instituição socializadora, responsável pela primeira socialização das crianças, ou seja, responsável pela introdução das novas gerações no mundo dos adultos, no sentido de adaptação dessas novas gerações ao mundo existente.

> A socialização é encarada como fato social, ou seja, uma ordem geral de pressão sobre as novas gerações, diante da qual estas não apresentam outra possibilidade a não ser adaptar-se. Essa pressão é mais forte quando vinda da família, devido à proximidade entre criança e seus pais, irmãos e parentes, e responde pelo futuro caráter das crianças, que é formado pelo exemplo dos pais, segundo afirmação do autor.

O exemplo dado por Archêro Júnior é esclarecedor da sua visão: "De nada adianta pedirmos a eles que não *fumem* quando na sua presença saboreamos um belo charuto" (Archêro Júnior, 1936, p. 54, grifo do original).

Archêro Júnior, ao estabelecer que o papel da família na educação é amplo, e se prolonga no tempo da vida das crianças e dos adolescentes, distingue seis fases, retiradas da obra *Sociology and Education*, de Good (1930)*:

1 fenômenos mesológicos;
2 educação moral;
3 educação religiosa;
4 formação profissional;
5 recreio educativo;
6 educação política.

----

* Archêro Júnior cita as seis fases diretamente desse autor.

Vamos resumir cada uma das fases.

1ª FASE

A primeira das fases, os fenômenos mesológicos, diz respeito à relação entre os seres humanos e o meio ambiente. Nesse caso, o autor se refere ao fato de que é de estímulos exteriores que se formam as crianças e, nesse sentido, destaca o papel da linguagem nesse processo de formação. Afirma Good que "as palavras e sua pronúncia, o sentido e o valor de vocábulos criam na inteligência dos indivíduos hábitos de expressão e conceitos que dificilmente se apagarão no futuro" (citado por Archêro Júnior, 1936, p. 55).

É na família, segundo esse autor, que as crianças entram em contato com experiências cotidianas, "que variam segundo as classes e profissões" (Archêro Júnior, 1936, p. 56), o que reforça o que já foi dito anteriormente acerca da herança durkheimiana de Archêro Júnior. Para Durkheim, as crianças são educadas conforme os destinos sociais a que estão submetidas. Nas palavras Durkheim (1975, p. 26-30):

> Não podemos, nem devemos nos dedicar, todos, ao mesmo gênero de vida; temos, segundo nossas aptidões, diferentes funções a preencher, e será preciso que nos coloquemos em harmonia com o trabalho que nos incumbe. Nem todos somos feitos para refletir; e será preciso que haja sempre homens de sensibilidade e homens de ação. [...]
>
> Cada profissão constitui um meio sui generis, que reclama aptidões particulares e conhecimentos especiais, meio que é regido por certas ideias, certos usos, certas maneiras de ver as coisas; e, como a criança deve ser preparada em vista de certa função, a que será chamada a preencher, a educação não pode ser a mesma, desde certa idade, para todos os indivíduos.

Da mesma forma que Archêro Júnior naturaliza as diferentes experiências que as crianças vivenciam junto à família, Durkheim também assim analisa a necessidade de uma educação diferenciadora, que atenda às demandas dos casos particulares das profissões e demais funções sociais a que somos "chamados a preencher".

Mas, de fato, o que o educador brasileiro quer reforçar em sua tese é que a experiência familiar é fundamental para a formação de seus filhos no futuro. O que o aproxima de Durkheim é a ausência de uma discussão acerca das desigualdades de experiência como resultante, também, da desigualdade de classes sociais. É de tal forma a naturalização das diferenciações das experiências que o autor chega a afirmar que a experiência das crianças do campo é superior à experiência das crianças da cidade, "cujo contato direto com os fenômenos é muito reduzido" (Good citado por Archêro Júnior, 1936, p. 56).

O que o autor chama de *instrução*, que podemos entender como o processo educativo fora da família, na escola mesmo, é responsável pela correção de noções equivocadas, preconceituosas, de senso comum e improvisadas, adquiridas na educação familiar. Essa primeira fase da educação é a base a partir da qual a educação formal age no desenvolvimento das crianças e, portanto, conforme afirma Archêro Júnior, a própria condição de educação dos pais pode gerar mais e melhores experiências aos filhos.

2ª FASE

A segunda fase, a da educação moral, conforme o autor aqui analisado, é atributo da família e tem como finalidade "transformar a criança em um ser livre, consciente e responsável para agir na vida social" (Archêro Júnior, 1936, p. 57). Apesar de ser atributo da família, devido à complexidade da sociedade, esse papel passa a ser compartilhado com outras instituições, como a religião. Esse fenômeno de desagregação da transmissão moral é devido ao fato de que os pais e os filhos não estão mais tão unidos a ponto de que os pais sejam os únicos exemplos de moralidade. Além disso, o autor afirma que falta diálogo entre os pais e os filhos, no sentido de que os pais esclareçam as razões da ação moral que os filhos devam tomar. "Hoje, quantos pais não ignoram as atividades sociais dos seus filhos! Há muitos pais que não dizem o 'porque' de certas proibições. O ensino é abstrato" (Archêro Júnior, 1936, p. 57).

> Esse fenômeno de desagregação da transmissão moral é devido ao fato de que os pais e os filhos não estão mais tão unidos a ponto de que os pais sejam os únicos exemplos de moralidade.

Outra forma que tem a família para exercer seu papel de educadora moral é pelo exemplo dado aos seus filhos, já que a imitação é uma forma poderosa pela qual as crianças desenvolvem sua moralidade.

3ª FASE

A educação religiosa, terceira fase proposta por Good, sempre foi função da família, mas esse tipo de educação vem se reduzindo devido às mudanças ocorridas no seio dessa instituição social, e, também, porque outras instituições religiosas se encarregam de ensinar os princípios religiosos às novas gerações, como os cursos de catecismo, na Igreja Católica, as escolas dominicais, no caso de algumas igrejas evangélicas, ambas citadas por Good. Nas escolas, o ensino religioso é facultativo[*].

---

[*] Estamos nos referindo ao tempo em que Archêro Júnior escreveu seu livro, ou seja, nos anos de 1934-1936. Atualmente, o ensino religioso voltou à pauta (ver art. 33 da LDBEN, Lei nº 9.394/1996, e a Lei nº 9.475/1997. É esta última lei que garante o ensino religioso como disciplina nas escolas da educação básica).

..... 4ª FASE ....

A formação profissional, quarta fase de Good, deixou a família como lócus de sua realização. "O filho já não segue a profissão do pai" (Archêro Júnior, 1936, p. 58).

> A família já não produz por conta própria todo o necessário para a vida, e, conforme o autor, nas "famílias burguesas" nem mesmo se tem a preocupação de realizar trabalhos hodiernos, deixados para os empregados. Nessas famílias, a educação separa as novas gerações dos afazeres domésticos e das atividades laborais manuais, num modelo educativo que procura dar aos herdeiros a possibilidade de continuarem a vida sem trabalho, no ócio proporcionado pela riqueza.

Já os filhos dos proletários, afirma o autor, mantêm contato mais direto com a profissão dos pais, quando estes trabalham fora de casa, nas indústrias, o que na época em que foi escrito o texto de Good era perfeitamente plausível de ocorrer com frequência.

Portanto, nenhum dos modelos familiares, burgueses ou proletários, está em condição de proporcionar a educação profissional aos filhos. No entanto, afirma o autor, é preciso que a família oriente profissionalmente os herdeiros, das várias maneiras possíveis, com visitas a fábricas, orientações, conselhos, informação, discussão etc. (Archêro Júnior, 1936, p. 59). Esse papel familiar, no tocante à formação profissional, tem como objetivo a aferição de "vocações" ou "interesses" em determinada linha de ocupação. Nas palavras de Archêro Júnior (1936, p. 59): "Nada adianta a um moço entrar para uma escola secundária ou superior sem possuir a chamada 'vocação' ou 'interesse'."

O autor, inclusive, polemiza em relação ao professorado do período e à falta de vocação deste corpo de professores, que encontrou na profissão apenas um meio de vida, sem vocação verdadeira para a docência. Esse tema, como outros aqui apontados, não deixam de estar atualizados, em meio a constantes discussões a respeito da identidade do professor*.

* Conferir Meksenas (2003), entre outros.

5ª FASE

O recreio educativo é a quinta fase proposta por Good e, mais uma vez, representa a superação do tradicional papel da família no que concerne aos processos educativos das novas gerações. O recreio, o lúdico, expandiu-se da casa para a rua, para outras instituições e para outros lugares da cidade. No entanto, o autor defende que se deve retornar à família o papel da recreação. Para isso, a família deveria reduzir as atividades e determinar mais tempo para os cuidados das crianças, para se divertirem juntos.

Cleverson Bestel

6ª FASE

Com relação à educação política, última das fases aqui analisadas, o Estado tem tomado o papel da família como célula educativa básica. Segundo esclarece Good, de forma singular:

> O papel atual da família, por meio de informações, discussão, leituras, deverá ser menos de preparar representantes de suas ideias políticas do que cidadãos esclarecidos, capazes de assumir responsabilidades, observadores das leis do seu país e colaboradores dedicados do Estado. (Archêro Júnior, 1936, p. 60-61, grifo do original)

Por essa citação, percebemos uma afiliação do autor à proposição durkheimiana de que a educação política deve servir como mecanismo de adaptação das novas gerações ao *status quo* dominante na sociedade. O ideal proposto de formação é aquele que se pauta no conhecimento dos aparatos sociais de manutenção, destacando-se, entre eles, as leis que se revelam como fundamentais.

Finalizando a discussão dessas fases, percebemos que a relação entre família e escola tem se caracterizado pela complexidade social e pelos efeitos dessa complexidade na redução do papel da família na educação dos filhos, ao mesmo tempo que instituições como a escola, entre outras, aparecem como fundamentais no papel de socializar as novas gerações num mundo que o tamanho da tarefa educativa não possibilita a sua execução ao seio familiar.

Em outra parte do texto, dedicada aos problemas da família, Archêro Júnior trata da "família como cooperadora da escola" e destaca as principais dificuldades nessa relação entre instituições educadoras. Ele constata, a partir da própria experiência como professor, que há um afastamento, até mesmo um antagonismo, entre escola e família. Por um lado, os pais desconfiam da escola ou não querem entregar seus filhos com receio de perder o controle sobre sua formação*, dividindo com outros a hegemonia do papel formativo. Há, também, por parte dos pais, certo desinteresse pelo que é ensinado na escola. "Não há uma solução de continuidade entre a ação começada em casa e terminada na escola" (Archêro Júnior, 1936, p. 62). Por outro lado, o autor constata e afirma, por pesquisa realizada por ele mesmo nas escolas de São Carlos, interior de São Paulo, onde lecionava, que os professores, além de não incentivarem a participação dos pais, ainda tinham essa tarefa como "desaforo".

> A solução para esse problema é levantada pelo autor com base em ações tópicas, fundamentadas nas visitas mútuas de pais na escola; de professores nas casas dos seus alunos; pela promoção de círculos de pais e mestres; por exposições na escola; pela frequente comunicação dos mestres com os pais acerca das atividades de seus filhos etc.

Inspirado em Peters (1930), Archêro Júnior (1936, p. 64) levanta sete pautas para uma boa relação entre escola e família:

---

* Claro está que, atualmente, essa possibilidade praticamente inexiste, devido ao fato de ser obrigação da família inserir os filhos na escola.

1. A escola precisa conhecer e levar em conta a educação e a instrução que a criança recebeu no seio de sua família.
2. A escola deve manter os pais a par das observações feitas a respeito dos alunos e do auxílio que podem prestar na formação de bons hábitos.
3. A escola deve influir quando o caso se apresenta para o melhoramento das condições higiênicas e dietéticas do lar.
4. A família e a escola devem combinar os programas de atividades recreativas e artísticas das crianças na escola e fora dela.
5. A escola deve auxiliar os seus alunos nos trabalhos em que porventura estejam interessados em casa e possivelmente levá-los em conta.
6. A família e a escola devem igualmente se interessar pela saúde da criança e tomar nesse sentido medidas de combinação.
7. Aos pais cabe prestigiar e não diminuir os mestres, e aos mestres cabe também robustecer nas crianças a autoridade dos pais.

É interessante notar que alguns pontos são bastante atuais nas discussões que se leva a cabo sobre a relação entre escola e comunidade. Mas, como se percebe, as temáticas que aparecem como novidades são, na verdade, frutos de debates já existentes há tempos. Observa-se a importância dada à comunicação entre escola e família e ao papel da escola na continuidade do processo educativo, formativo e de saúde, algo que em tempos remotos eram papéis exclusivos da família. Sobretudo, o que se pleiteia é a continuidade entre as ações da escola e da família, pois, do contrário, as crianças podem ser confundidas por rumos diferentes lançados por ambas as instituições.

2.2 Escola e comunidade segundo a concepção educativa do Método Paulo Freire

> Em 1963, Paulo Freire (1921-1997) realizou uma experiência em alfabetização de adultos na cidade de Angicos, no Rio Grande do Norte, que lhe daria fama internacional. Professor de Filosofia da Educação, bacharel em Direito, com experiência na docência de Língua Portuguesa e com educação de trabalhadores no Serviço Social da Indústria (Sesi), sua formação ao longo dos anos 1940 até os anos 1960 o levou a pensar a educação de forma progressista, vinculando-o a um caminho em que educação e emancipação (entendida como libertação) não poderiam separar-se. Pode-se dizer que foi em 1958, após a conclusão do seu relatório para a Comissão Regional de Pernambuco, acerca justamente da educação de adultos, que ele se colocou inteiramente nessa linha de pensamento educacional.

Na experiência de Angicos, Paulo Freire conseguiu alfabetizar 300 adultos em 45 dias (janeiro a março de 1963), utilizando-se para isso de um método que, em geral, parte da necessidade de se "descobrir" o universo vocabular e, portanto, de vida dos educandos como ponto de partida da prática pedagógica da alfabetização. A relação educativa com a comunidade é, nesse caso, sine qua non, pois Freire parte do princípio da ação dos educandos, do respeito pelo que já conhecem e da importância dessa bagagem para a educação deles. Na prática, tratava-se da necessidade de inserir-se na comunidade dos educandos, para, então, poder tirar dela o universo vocabular com o qual se deve trabalhar na alfabetização.

A proximidade dos educandos com as palavras geradoras, ou seja, aquelas que eram os motivos das aulas, que, por sua vez, eram retiradas da vida da comunidade, fazia surgir uma identidade entre educandos e educadores melhorando, assim, o processo de aprendizagem.

> O Método Paulo Freire tem como pressuposto que a alfabetização não pode ser um mero adestramento técnico, mas que necessita desse envolvimento dos educandos, pois, a partir da palavra, se lê o mundo, ou seja, trata-se de uma alfabetização problematizadora da realidade e, portanto, de um ato também político.

Nesse processo, três palavras derivavam como fundamentais: *libertação, diálogo* e *autonomia*. Libertação no sentido de que o ato político de alfabetizar abria os horizontes para uma leitura do mundo, que significa inserção crítica nos seus problemas, a partir das vivências. Essa formação teria como meta a libertação da situação de opressão dos trabalhadores, por meio da conscientização. O diálogo é o princípio segundo o qual as relações educativas não poderiam reproduzir as relações autoritárias encontradas na sociedade e, portanto, os educadores deveriam realizar o ato político-pedagógico baseados no respeito ao adulto que se encontrava na situação de alfabetizando. Dialogar significa "ouvir", "compreender", "levar em conta" verdadeiramente o outro no processo educativo, ainda mais no caso específico de Paulo Freire, em que o educador está trabalhando com adultos como eles mesmos o são, com experiências diversas, com vivências a serem contadas e levadas em conta, com conhecimentos adquiridos na prática da vida, que não podem ser desconsiderados. Devido a isso, a prática da alfabetização, em Angicos, era feita sob a forma de Círculos de Cultura, em que os educandos eram posicionados em roda, como se estivessem em fóruns de debate, em que a vida e suas contradições eram o mote da alfabetização. Ao contrário disso, seria o professor que enxergaria nos alunos uma "tábula rasa" sobre a qual deve preencher com conteúdos autoritariamente determinados.

> *No Método Paulo Freire há, portanto, uma crítica à sociedade capitalista e ao sistema tradicional de ensino, por ele denominado de* **bancário**.

Autonomia é a capacidade que tem o ser humano de autogerir sua vida, de poder ser senhor dos seus passos, de poder se garantir com seus próprios recursos com base numa relação democrática com os outros, sem autoritarismos. No caso da alfabetização de adultos, a autonomia significava a possibilidade que o Método concebia com o objetivo de que os educandos pudessem se tornar autônomos a partir dos conhecimentos, das reflexões, dos diálogos, para construírem sua própria visão de mundo e para que pudessem se tornar independentes da ajuda de outros em situações cotidianas, como pegar um ônibus, ler e escrever uma carta etc. Claro está que libertação, diálogo e autonomia somente podem ser compreendidos em conjunto, pois, isoladamente, não desenvolvem suas possibilidades.

Além dessas três bases, é preciso acrescentar que Freire não acreditava na neutralidade do ato educativo e que, portanto, o que pretendia com seu método era alfabetizar e conscientizar aquelas pessoas que sempre foram vistas ou se posicionaram (uma, consequência das relações autoritárias típicas do nosso país, e a outra, fruto da ignorância acerca do papel que têm os homens na história) como meros expectadores e movê-los pela crença real de que podem ser atores e transformar a história. Isso era feito nos Círculos de Cultura, por *slides* contendo cenas da vida dos educandos, e nas discussões acerca dessas cenas advinham percepções sobre a realidade que, com o processo de educação proposto, levava-os a terem no ponto de chegada uma consciência crítica a respeito do mundo em que viviam, superando a consciência ingênua, naturalizante, que porventura carregavam.

> A experiência de Freire encontrou eco no ambiente de grande movimentação cultural na cidade do Recife, em que pululavam iniciativas de cultura popular, levadas adiante pelo Movimento de Cultura Popular (MCP), na qual era coordenador de Educação de Adultos, e pelo Serviço de Extensão Cultural (SEC), este vinculado à Universidade Federal de Pernambuco (UFPE), no qual ocupava a cadeira de professor.

Foi nessa vinculação ao MCP que a experiência de alfabetização foi concretizada pela primeira vez, com poucos educandos, e depois multiplicada ali mesmo e em outros lugares, dentro e fora de Pernambuco. Em Angicos, Rio Grande do Norte, ela tomou proporções, gerou polêmicas e atraiu a atenção do Brasil e do mundo.

Após essa experiência, Paulo Freire foi convidado pelo ministro Paulo de Tarso Santos a assumir o Programa Nacional de Alfabetização, do Ministério da Educação e Cultura. Porém, o plano de alfabetizar o país inteiro utilizando o Método Paulo Freire foi impossibilitado pelo golpe militar de 31 de março de 1964. Paulo Freire foi preso desde a primeira hora do novo regime e, posteriormente, exilado. Apesar de toda a sua vida ser dedicada, até então, à docência e ao desenvolvimento do método de alfabetização, apenas o seu livro *Alfabetização e conscientização* foi publicado antes do exílio, em 1963. Educar e conscientizar o povo, tal como queria Paulo Freire, não estava nos planos dos militares.

Após a apresentação do contexto em que foi elaborado o Método Paulo Freire, apontaremos os seus princípios metodológicos e práticas, lembrando que esse método nos interessa aqui por conta da necessária vinculação entre educadores e educandos enquanto membros da comunidade, e de como esta comunidade é base para a consecução do método. Segundo Feitosa (1999, p. 1), em feliz síntese do Método Paulo Freire:

A proposta de Freire parte do Estudo da Realidade (fala do educando) e da Organização dos Dados (fala do educador). Nesse processo surgem os Temas Geradores, extraídos da problematização da prática de vida dos educandos. Os conteúdos de ensino são resultados de uma metodologia dialógica. Cada pessoa, cada grupo envolvido na ação pedagógica dispõe em si próprio, ainda que de forma rudimentar, dos conteúdos necessários dos quais se parte. O importante não é transmitir conteúdos específicos, mas despertar uma nova forma de relação com a experiência vivida. A transmissão de conteúdos estruturados fora do contexto social do educando é considerada "invasão cultural" ou "depósito de informações" porque não emerge do saber popular. Portanto, antes de qualquer coisa, é preciso conhecer o aluno. Conhecê-lo enquanto indivíduo inserido num contexto social de onde deverá sair o "conteúdo" a ser trabalhado.

Nessa síntese do método, em primeiro lugar se destaca o papel da realidade dos educandos, que, a partir da síntese do educador, produz as "palavras geradoras", as quais nada mais são que o ponto de partida da ação educativa, advinda da vivência do educador na comunidade, na "prática de vida dos educandos". Escola e comunidade, nesse método, se encontram de forma umbilical, o contrário seria reproduzir a escola de tipo tradicional, isolada das práticas sociais, transmitindo conhecimentos alienados da vida dos educandos.

O método parte, também, do que os educandos já trazem como bagagem de vida, que se transforma em conteúdos da escola, para serem motes do trabalho do alfabetizador.

> Conhecer o aluno, sua vida, sua prática social, as contradições da vida que levam em comunidade, suas necessidades etc. é papel do educador nesse método, e dessa vivência são gerados os conteúdos da escola.

A tão aclamada necessidade de diálogo entre escola e comunidade, nesse caso, é a base do método, pois diálogo de verdade pressupõe o respeito e o "colocar-se no lugar do outro", o que só pode ocorrer se houver o conhecimento desse "outro". Para o professor, o desafio é que o seu saber não se resuma ao conhecimento técnico-científico, indispensável, mas ao conhecimento dos educandos com os quais divide sua prática pedagógica-dialógica, e não unilateralmente.

Para terminarmos nossa exposição sobre o Método Paulo Freire e a relação entre escola e comunidade nele impressa, vamos citar os passos desse método para melhor visualização de como ele funcionava na prática.

O primeiro passo era chamado de *investigação temática*, que é o mergulho do educador no universo social e vocabular dos educandos. Precedia os círculos de cultura. Segundo descrição de Beisegel (1974, p. 165, grifo do original), em obra fundamental sobre educação popular no Brasil:

> Para o professor, o desafio é que o seu saber não se resuma ao conhecimento técnico-científico, indispensável, mas ao conhecimento dos educandos com os quais divide sua prática pedagógica-dialógica, e não unilateralmente.

> O método começava por localizar e recrutar os analfabetos residentes na área escolhida para os trabalhos de alfabetização. Prosseguia mediante entrevistas com os adultos inscritos nos "círculos de cultura" e outros habitantes selecionados entre os mais antigos e os mais conhecedores da realidade. Registravam-se literalmente as palavras dos entrevistados a propósito de questões referidas às diversas esferas de suas experiências de vida no local: questões sobre experiências vividas na família, no trabalho, nas atividades religiosas, políticas, recreativas etc. O conjunto das entrevistas oferecia à equipe de educadores uma extensa relação das palavras de uso corrente na localidade. Essa relação era entendida como representativa do

universo vocabular local e delas se extraíam as palavras geradoras – unidade básica na organização do programa de atividades e na futura orientação dos debates que teriam lugar nos "círculos de cultura".

Percebe-se como se dava o contato entre educadores e comunidade na busca pelo conteúdo a ser efetivado no processo de alfabetização, que partia das vivências dos educandos.

Outro ponto de destaque é que o aprendizado realizado por meio das palavras geradoras rompe com o aprendizado fragmentário concebido tradicionalmente. As palavras, por se relacionarem a diversos aspectos da vida dos educandos, fazem com que estes aprendam de forma globalizante (Feitosa, 1999).

> O que dá um caráter interessante a essa perspectiva é que não se trata de um estudo etnográfico da comunidade, em que o pesquisador convive com as pessoas e relata, de próprio punho, o que vê e ouve; trata-se de realmente de partir do que os educandos expressam.

O segundo passo é denominado de *tematização*, advinda de um processo de decomposição do tema gerador geral. As palavras geradoras e os temas geradores são escolhidos após pesquisa com os educandos na comunidade e, posteriormente, são ilustradas em *slides* ou fotografias, em forma de "situações existenciais", para melhor visualização e promoção de debates. Por meio da decodificação dessas palavras, os educandos aprendem a ler e a escrever juntamente com um processo de conscientização política acerca das temáticas advindas das palavras e dos temas geradores.

A chamada *problematização* é o terceiro passo do método, e é nele o momento de tentar superar a visão ingênua de mundo por uma visão crítica, que somente assim pode promover transformação social.

> De todas as contribuições ao debate e à prática educacional, a que nos interessa apontar, e que é motivo para constar neste livro, é o imperativo da necessidade de que escola e comunidade se conheçam verdadeiramente, de forma que a escola parta – como princípio metodológico da sua ação educativa – da realidade dos educandos, para, a partir daí, conseguir superar a alienação reinante, a qual é um dos motivadores da miséria generalizada e que se baseia na exploração do homem pelo homem. Era contra essa exploração que lutava Paulo Freire em sua prática como educador.

2.3 Relação entre escola, família e comunidade na obra de Luiz Pereira

Neste tópico do livro vamos apresentar um estudo paradigmático a respeito da relação entre escola, família e comunidade, empreendida pelo sociólogo Luiz Pereira (1933-1985), nos anos de 1960, o qual teve como base os estudos de caso, tal como os estudos de comunidade apresentados no capítulo anterior*. Essa retomada de um clássico da área é necessária por algumas razões: em primeiro lugar, para fazer-se conhecer esse estudo que, se não for apresentado dessa forma, poderá cair no esquecimento dos estudantes de Pedagogia e de outros interessados pela área educacional; em segundo lugar, pela imersão feita pelo autor no estudo de uma comunidade escolar; em terceiro lugar, pela relevância metodológica desse estudo, tanto pelo que traz de contribuições como pelo que tem de limitação; em quarto lugar, por conta das conclusões a que chegou o autor nesse estudo, que pode nos auxiliar a pensar a respeito da relação escola- -comunidade ainda hoje.

---

* Essa similitude é confirmada pelo autor (Pereira, 1967, p. 11).

Luiz Pereira nasceu na cidade de Piracicaba, interior de São Paulo, em 1933, e faleceu em São Paulo, em 1985, poucos anos após os seus estudos, que resultaram no livro *A escola numa área metropolitana*. Cursou Pedagogia na Faculdade de Filosofia, Letras e Ciências Humanas (FFLCH) da Universidade de São Paulo (USP), formando-se em 1955. Pela sua formação no Curso Normal, atuou como professor primário e em colégios, na área de sociologia. Trabalhou juntamente com Fernando de Azevedo, na USP, entre 1957 e 1959. Em 1959, foi nomeado professor da Faculdade de Filosofia, Ciências e Letras de Araraquara-SP, onde cursou Ciências Sociais. Voltou em 1962 para a USP a convite de Florestan Fernandes, para dirigir o Centro de Estudos de Sociologia Industrial e do Trabalho. Na USP, concluiu seu mestrado e doutorado, ambos na área educacional. Fez carreira acadêmica nessa instituição, concluindo seu concurso de Livre Docente, na área de trabalho e desenvolvimento, e chegou a professor adjunto. Foi o primeiro presidente da Associação dos Sociólogos do Estado de São Paulo (São Paulo, 2010).

A escola numa área metropolitana, obra de 1960, é resultado de uma monografia realizada no curso de especialização em sociologia, na cadeira dirigida então por Florestan Fernandes. Nessa obra, o autor mergulha no funcionamento e nas relações com a comunidade em uma escola localizada na cidade de Santo André, pertencente à região denominada *ABC Paulista**. A característica primeiramente assinalada sobre a escola é o fato de se localizar em um bairro composto de loteamentos recentes e populosos, especialmente ocupados por prédios residenciais. Trata-se, também, de uma comunidade operária, agregada pelo incremento industrial da cidade de Santo André, até hoje altamente industrializada. O fato de

---

* Essa região abriga ainda as cidades de Santo André e São Caetano, que formam a tríade clássica ABC, mas, ainda, se soma a cidade de Diadema como parte do ABC Paulista.

encontrar-se em um ambiente proletário confere a esse estudo uma relevância ainda maior, por buscar compreender o papel da educação escolar para essa classe[*].

O autor afirma que a área em que se situa a escola não pode ser denominada como *comunidade*, no sentido que lhe deram comumente os estudos sociológicos de comunidade, mas, mesmo assim, as características do estudo de Pereira identificam-no com aqueles. A tentativa do autor foi a de aproximar uma tendência focalista, ou seja, aquela que se detém ao estudo da escola, com uma tendência sociológica, que focaliza mais as relações macrossociais, deixando de lado a escola, especificamente.[**]

Os agentes estudados por Pereira foram professores, serventes, alunos, diretor, pais dos alunos, ex-alunos e pessoas residentes nas áreas próximas da escola, vinculadas às indústrias de Santo André, Senai e Sesi. Mas, como afirma o autor, foi junto aos professores e pais de alunos que foram recolhidas as informações mais densas para a pesquisa. Além dessas fontes, Pereira (1967, p. 13) indica a observação do entorno da escola, do comportamento dos professores, alunos e pais, além dos documentos dos arquivos da escola como fontes importantes. Outras fontes foram as redações dos alunos de 4ª série a respeito de suas aspirações profissionais, e documentos de legislação educacional. As técnicas utilizadas foram entrevistas e questionários, além da observação, técnicas essas também utilizadas nos já mencionados estudos sobre comunidade.

São de Florestan Fernandes as palavras que podem justificar, metodologicamente, a menção desse estudo de Luiz Pereira neste

---

[*] Para estudos sobre escolarização das elites, ver Nogueira (2002) e Nogueira e Aguiar (2007).

[**] Como nota metodológica, é interessante mencionar que Pereira, antes de realizar uma investigação sistemática, escolheu a escola específica pelo fato de nela ter trabalhado por um ano, o que lhe deu maior familiaridade com o objeto. Essa discussão já foi levantada no primeiro capítulo, a respeito da importância da observação não sistemática como porta de entrada para futuras pesquisas sistematizadas.

livro. Segundo ele, "O aspecto mais importante da presente contribuição está nesse fato, que não nos parece episódico [...]. Trata-se de delimitar bem um campo de estudos e atacá-lo em profundidade, para se adquirir uma autêntica visão científica da realidade" (Pereira, 1967, p. 16)*. É o caso de pensarmos acerca das pesquisas atuais em educação e a capacidade que estas apresentam de identificar elementos concretos de compreensão da realidade, para que, dessa forma, possam ser instrumentos de intervenção prática.

O livro de Pereira é dividido em quatro capítulos. O primeiro capítulo, intitulado *A área servida pela escola: zona residencial operária*, trata de realizar uma descrição detalhada da vida social das áreas que circundam a escola. Analisa a escola a partir do seu contexto de dinâmica social, cultural, econômica, política e geográfica, como uma tentativa de inserir o leitor no ambiente da escola para que a leitura possa ser enriquecida pelas descrições, criando uma empatia – baseada no melhor conhecimento do estudo – entre os leitores e a escola. O segundo capítulo intitula-se *A escola primária: estrutura e funcionamento interno*, no qual o autor analisa o funcionamento da escola, considerando-a como uma empresa escolar. O terceiro capítulo denomina-se *Relações entre a escola e a área escolar: tensões e funções sociais*. O quarto capítulo denomina-se *Inovação pedagógica e burocratização escolar: perspectivas*. O livro apresenta ainda um apêndice, denominado *Nota crítica sobre o pensamento pedagógico brasileiro*.

Apesar de entendermos a importância da totalidade do livro de Pereira, iremos nos deter mais no primeiro capítulo, acerca da identificação da comunidade escolar. A leitura desse capítulo nos auxilia a apreender a necessidade de que, nesse tipo de estudo de comunidade, o pesquisador tenha em mãos ótimos elementos conjunturais, descritivos e analíticos acerca da área de abrangência

──────────
* O próprio autor inseriu, no final do texto de introdução do livro, um texto escrito por Florestan Fernandes, que discorre acerca das contribuições do estudo de Luiz Pereira.

da escola. Nesse sentido, o autor inicia o capítulo procurando provar que a área estudada não constitui uma comunidade em si, mas uma comunidade agregada a uma outra, na fronteira com São Paulo.

> O perfil dos pais dos alunos é de operários que trabalham em indústrias localizadas geralmente na própria cidade de Santo André, em outras áreas que não auqelas em que residem. Mesmo para outras atividades rotineiras, como compras, os moradores da área estudada se locomovem para outras áreas, pois a área em que moram não possui serviços comerciais, religiosos e de lazer próximos*. As áreas são compostas de loteamentos recentes e, por isso, na época do estudo de Pereira, destituídos de serviços básicos, os quais a população buscava fora da área onde moravam. A luta dos moradores, na verdade, girava em torno da melhoria do transporte público até a cidade ou o bairro mais próximo, em que também se localizavam serviços que satisfaziam a quase todas as necessidades dos moradores.

Outra característica apontada pelo autor é a uniformização dos quatro loteamentos que compõem a área escolar. A partir do momento em que foram loteados e as pessoas passaram a construir e a morar, esses loteamentos não mais se diferem e os moradores não constituem identidades partilhadas, mas compartilham uma só identidade, que é a de pertencer a Santo André.

Os moradores da área escolar estudada são, em sua maioria, advindos da zona rural. Os loteamentos urbanos, portanto, formam a fase final de fixação na cidade. Essa área constitui um caso concreto da urbanização advinda da migração campo-cidade, que, a partir dos anos de 1960-1970, passou a caracterizar o país e, especialmente, a região sudeste como eminentemente urbana. Esse estudo, portanto, insere-se num momento histórico de transição do processo de urbanização brasileira. A escola numa área urbana tem características

---

* O nível de interdependência entre as localidades, com relação a serviços em geral, não possibilita uma caracterização clássica destas como "comunidades".

que não se podem desprezar em relação às escolas nas comunidades rurais. O fato de os pais e alunos da escola serem advindos de outras regiões – de característica rural –, de estarem inseridos na cidade há pouco tempo e de a inserção se dar a partir do emprego na indústria, localizada longe de casa, soma-se para gerar uma identidade e relação da comunidade com a escola, que é o que nos interessa aqui. Esse fluxo migratório tem sido demandado e, ao mesmo tempo, promovido pela expansão industrial da região em que se localiza a cidade de Santo André.

As residências nos loteamentos são caracterizadas pela dinâmica econômica dos moradores, pois eles devem custear o pagamento do lote e a construção da casa, esta última, quase sempre, é lentamente levantada e ocorre por pequenas partes. Levantam dois cômodos e deixam o restante para o futuro. Esse fato, também, é interessante para avaliar os alunos da escola, já que estes vivenciam essas dificuldades familiares, residindo em casas pequenas, sem a possibilidade de ter um espaço próprio para o estudo, entre outras condições materiais que dificultam o desenvolvimento dos estudos. Algumas famílias, inclusive, armaram barracas de madeiras nos lotes por não terem a possibilidade de levantar uma casa de alvenaria. Se, por um lado, as dificuldades financeiras são grandes, por outro lado o fato de serem donos da casa e, portanto, não pagarem aluguel, não pode ser desprezado na sua positividade*.

> A vinda das famílias para a cidade é considerada uma ascensão social em relação à vida na zona rural, a qual é vista como lugar de atraso diante dos avanços da cidade, pois esta oferece muitas "facilidades" tão próximas.

* Não podemos deixar de mencionar o sistema de status gerado pelas diferentes posições dos moradores com relação à moradia. As maiores casas geram uma posição mais alta, seguida das menores e, com o menor status, as casas de madeira e as de aluguel (Pereira, 1967, p. 30).

Mas a ascensão social depende, também, da fixação em uma boa casa. Sem dúvida, essas relações sociais entre as famílias repercutem na escola e, com certeza, devem ser um elemento de especial atenção nas análises da comunidade escolar ainda hoje.

> Outro elemento importante, e que se vincula à mobilidade social, refere-se à "ajuda" dos filhos e da mulher na renda familiar. A mulher trabalhadora era, segundo Pereira, bem-vista, no entanto, a partir do momento em que os filhos "crescem", ou seja, quando eles terminam o primário, com treze anos, e começam a trabalhar, as mulheres voltam para a casa e trabalham apenas como "donas de casa". A complementação da renda passa a vir do trabalho dos filhos.

Pereira aponta também que as famílias da área escolar são constantemente instigadas a investirem na ascensão social, por notícias de sucesso de outros trabalhadores oriundas de vários meios. Essa pressão pela inserção dos jovens no mercado de trabalho e pela ascensão social, no círculo restrito da comunidade escolar, não pode ser desprezada como elemento de valorização da escola, atualmente.

A inserção no mercado de trabalho é valorizada pela formação qualificada e especializada.

Segundo o relato de Pereira (1967, p. 33):

> Tanto os adultos como os jovens, sejam do sexo masculino ou feminino, consideram má toda ocupação profissional não especializada. Ser um operário qualificado já é julgado como ter um bom emprego [...]. Dentre as profissões operárias qualificadas, as de "mecânico" são as mais valorizadas.

No entanto, apesar dessa representação positiva do trabalho do operário qualificado, as profissões não manuais, como as de serviços, são ainda mais reputadas, o que demonstra, em um caso concreto, a clássica divisão entre trabalho manual e intelectual, típica do capitalismo, e a maior valorização social da segunda em relação à primeira. Essa relação, no caso estudado por Pereira, ganha ainda mais significação pelo fato de a maioria dos pais dos alunos da escola não ter formação especializada, não alcançando altas posições na hierarquia industrial, ansiando para que seus filhos possam superá-los nesse sentido.

> *A carência de formação dos pais atinge, inclusive, o analfabetismo, outro forte obstáculo à ascensão profissional e, portanto, social.*

Sobre esse fato, relata Pereira (1967, p. 34):

> Também dessa falta de oportunidades de frequentar a escola primária eles se lamentam. Queixam-se não apenas porque, sendo analfabetos ou semianalfabetos, não passam pelas "provas" feitas pelas "boas" fábricas para seleção de candidatos à vaga de operários. Sentem, além disso, que não podem almejar empregos melhores, pois estes exigem ainda maior grau de habilidades intelectuais. E, de modo mais ou menos consciente, percebem que a vida urbana, em quase todos os setores, demanda a alfabetização – dado que a cultura urbana é uma cultura letrada.

É interessante notar, nesse relato, que, de fato, é nos anos de 1960, no Brasil, que se passa a intensificar a necessidade de alfabetização para a formação da força de trabalho minimamente qualificada. Esse fato contrasta com o quadro de histórico analfabetismo no país, nesse período. Para os pais, sem esperanças de ascensão social, resta depositar nos filhos tal encargo, possibilitando a estes o acesso ao estudo*.

A presença de um conjunto de indústrias na cidade, e a exigência delas com relação ao certificado escolar para contratação, exerce um papel primordial de pressão pela escolarização das novas gerações. É a possibilidade de inserir os filhos nas indústrias que anima os pais a matricular os filhos o quanto antes na escola. A instrução escolar passa a ser uma mediadora importante nas relações sociais urbanas em uma sociedade industrial.

> Pereira (1967, p. 35) cita frases ditas pelos pais em reprimenda aos filhos: "Se você não for à escola, vai ser servente de pedreiro", ou outra com o mesmo teor: "Vai ser empregada na cozinha dos outros". Ambas demonstram a valorização do estudo como forma de superar a condição de trabalhador precarizado e, também, demonstram o desprezo por esse tipo de trabalho, socialmente desvalorizado.

Se você não for à escola, vai ser servente de pedreiro!

Cleverson Bestel

---

* O autor relata que a escola estudada oferecia curso de alfabetização para adultos, mas que os moradores não se animavam em frequentá-lo, pelo cansaço ou pela dúvida de que, na idade em que se encontravam, poderiam aprender ou mudar algo nas suas vidas. A frequência desses cursos era, em sua maioria, de jovens analfabetos.

> Vai ser empregada na cozinha dos outros se não estudar!

Cleverson Bestel

Outra questão interessante é que as famílias não conseguiam manter os filhos na escola após a conclusão do curso primário, quando chegavam a isso. O acesso ao curso ginasial ou comercial fica quase impossibilitado pela situação econômica das famílias. O acesso a esses cursos seria uma saída para inserir os filhos em outros tipos de trabalho que não os manuais. Essa situação reduz o nível de aspiração das famílias quanto ao futuro profissional dos filhos, sendo o emprego de operário o limite para a maioria. Em uma forma de síntese do que foi dito anteriormente, Pereira (1967, p. 35-36) relata que:

> É com dificuldade econômica que algumas famílias mantêm o filho até o fim do curso primário. A maioria, porém, não sente tanta dificuldade, pois a mãe trabalha "ajudando o marido" ou tem filhos recebendo ordenado. Manter o filho na escola primária até o término do curso equivale a sacar uma letra para o futuro individual do filho e da família como um todo. Com o diploma do curso primário, o filho é colocado com mais facilidade na indústria. Talvez consiga empregar-se numa "fábrica boa" onde, depois de alguns anos, será um "oficial" e não receberá apenas o salário mínimo como o pai.

Essa passagem é de suma importância para compreendermos o papel da educação na vida individual como promessa integradora no mercado de trabalho e, portanto, como passaporte para a cidadania (que, sem dúvida, se vincula ao poder de consumo), além de, também, demonstrar a valorização do estudo na família. Essas duas situações, em conjunto, determinam em grande parte o relacionamento entre escola e comunidade escolar, mais especificamente, entre a família e a escola. Relatos como esse, atualmente, parecem estranhos, pois, concretamente, o curso "primário" não tem essa potencialidade de inserção social, não mais promete integração, sendo, quando isto é possível, apenas uma passagem para um grau superior de formação.

Percebemos, pela citação, que as aspirações da classe trabalhadora resumiam-se à inserção na fábrica, ainda melhor se fosse uma "boa fábrica" que pagasse mais que o mínimo. Claro está que essas aspirações são reflexos, diretos e indiretos, da consciência da situação de subordinação social em que viviam essas famílias, pois, sem dúvida, estas tinham acesso ao pensar em profissões com mais prestígio social, como, por exemplo, a Medicina; no entanto, essas profissões apareciam como naturalmente impossíveis de serem acessadas por eles, dada a situação econômica.

Há, ainda, a questão intergeracional, a qual está presente no fato da existência de uma aspiração em que os filhos ganham mais que os pais.

> A escola, negada para a geração mais velha, deve servir, para os jovens, como porta para uma melhor condição de vida social e, para isso, os pais e os irmãos mais velhos fazem o sacrifício de bancar a educação primária aos filhos mais novos.

Pereira (1967, p. 36), em seu estudo com os alunos da escola, demonstra também que eles próprios são conscientes dos limites a que podem chegar na carreira profissional, o que se verifica pelas pretensões para o futuro:

> Os meninos aspiram a ser mecânicos de autos, eletricistas, torneiros, marceneiros, motoristas etc. [...] As meninas mostram aceitar como natural o fato de uma moça trabalhar para ganhar dinheiro. Apontam predominantemente os empregos de costureira*, enfermeira, auxiliar de escritório etc. Algumas gostariam de ser professoras.

> Dessa forma, a escola torna-se mais um veículo que expressa a reprodução das hierarquias profissionais na sociedade, servindo, para a classe trabalhadora, de acesso a empregos manuais, de baixa remuneração e com baixo grau de especialização. No entanto, para o universo desses alunos, tais profissões são aspiradas conforme o seu próprio grau de hierarquia salarial, ou seja, escolhe-se esta ou aquela profissão, ser mecânico ou eletricista, conforme as possibilidades salariais e, também, pela natureza do trabalho, ou seja, se é um trabalho mais ou menos "sujo" ou "pesado".

O caminho para a especialização dos jovens se dá pela matrícula no Senai (Serviço Nacional de Aprendizagem Industrial), de Santo André, que é uma maneira mais rápida de inserção na indústria. Na época, durante o curso do Senai, o estudante passava meio ano na fábrica e meio ano na escola e, nesse tempo, a fábrica pagava a ele meio salário mínimo, com a promessa de integração total após a conclusão do curso, como oficial na especialidade cursada. Essa forma de inserir os filhos na profissão garante um futuro promissor na indústria e, ao mesmo tempo, resolve o problema imediato, a necessidade financeira da família, que é auxiliada pelo pagamento recebido pelo filho. A seleção era concorrida e feita em duas etapas: primeiramente pelas indústrias e, depois, pelo próprio Senai. Ambas exigiam habilidades de escrita, leitura e cálculo.

---

* Pereira (1967, p. 37) traz o seguinte relato de uma estudante: "Ser costureira é bom porque é um serviço fácil. A gente ganha dinheiro sem precisar sair de casa."

Portanto, após a façanha de concluir o primário, os jovens passavam por mais uma dura prova: a seleção do Senai. Para o restante dos jovens e famílias não contemplados com o curso do Senai, restam poucas alternativas para a ascensão profissional nas indústrias*.

Outras questões levantadas no estudo de Pereira (1967, p. 41) referem-se às representações dos moradores acerca do próprio lugar em que vivem, da conduta moral das famílias, tidas como "gente pobre, mas correta", e das reações das famílias advindas do meio rural e sua interação com a forte influência urbana. Todas essas questões, de formas diferentes, refletem na socialização das crianças na escola do bairro, já que vivenciam essas relações em casa.

Em resumo, esta primeira parte do livro de Luiz Pereira demonstra a necessidade de que o pesquisador que tem como objeto o estudo da relação entre comunidade e escola faça um estudo pormenorizado da comunidade, mergulhando em seu cotidiano, conhecendo as representações das pessoas, suas vivências, relações mútuas e as perspectivas de vida e de futuro para as novas gerações. Sem dúvida que é um grande exemplo de estudo da relação entre comunidade e escola.

2.4 A herança familiar e o percurso educacional

---

* Pereira faz a ressalva de que as apostas no futuro profissional, pelas famílias, se davam, sobretudo, em relação aos filhos homens. Para as mulheres, era "destinado" o papel de dona de casa, um traço remanescente do patriarcalismo, típico da formação histórica e cultural do Brasil. Claro está que essa situação concreta, vivida pelas meninas da escola, levava, de certa forma, a aspirações profissionais tais como costureira, cujo trabalho é feito em casa. Mas, como ainda afirma o autor, as famílias não investem em cursos de corte e costura para as meninas, seja pelo custo, seja pela distância em que os cursos gratuitos se localizam de casa.

A obra do sociólogo francês Pierre Bourdieu (1930-2002) tem servido como fundamento para estudos empíricos com famílias brasileiras, objetivando averiguar o papel da família no percurso escolar dos filhos, relacionando-o com o capital cultural e econômico herdado. Esse tema permeou as análises empreendidas até aqui, nesse capítulo, mas de forma tangencial. Neste momento, o objetivo é trazer ao centro do nosso estudo a questão da posição familiar e o percurso escolar dos herdeiros. Partimos da premissa de Bourdieu (1998, p. 42), expressa a seguir:

> Na realidade, cada família transmite a seus filhos, mais por vias indiretas que diretas, um certo capital cultural e um certo *ethos*, sistema de valores implícitos e profundamente interiorizado, que contribui para definir, entre outras coisas, as atitudes face ao capital cultural e à instituição escolar.

Está, portanto, explícita a relação entre família e escola na abordagem desse sociólogo francês.

> A família, como portadora do capital cultural, repassa às novas gerações esse capital, ao mesmo tempo que a escola tem na forma da cultura dominante seu conteúdo hegemônico.

A escola, como afirma Bourdieu (1992) em outro texto, reproduz não somente a desigualdade cultural, mas também as relações sociais. A sua pesquisa acerca do capital cultural abrangeu a frequência dos franceses aos museus. Os resultados a que chegou levaram-no a apreender uma relação direta entre o nível de instrução e a frequência aos aparelhos culturais. Sua conclusão é bastante eloquente:

> A existência de uma relação tão forte e tão exclusiva entre o nível de instrução e a prática cultural não deve dissimular o fato de que, dados os pressupostos implícitos que a orientam, a ação do sistema escolar somente alcança sua máxima eficácia na medida em que se exerce sobre

indivíduos previamente dotados pela educação familiar, de uma certa familiaridade com o mundo da arte. (Bourdieu, 1992, p. 303-304)

Com base nessas considerações, Bourdieu constrói sua teoria do capital cultural, o qual surgiu em sua trajetória de pesquisador como hipótese explicativa das diferenças de desempenho escolar entre estudantes de diferentes classes sociais. Em geral, interessava ao autor provar a existência de fatores extraescolares que influenciam o desempenho escolar e, dentre esses, destacam-se os fatores econômicos e culturais, que determinam, de certa forma, o acesso das famílias aos bens da cultura, com os quais a escola trabalha.

Na obra de Bourdieu é clara a busca pela compreensão de como as estruturas sociais impactam subjetivamente nos indivíduos ou, em outras palavras, como os indivíduos internalizam as contribuições advindas de seu meio social, familiar inclusive, com base em "disposições" que ele denominou de *habitus*. Esse *habitus*, portanto, significa uma resposta subjetiva a estruturas objetivas, inclusive com caráter de classe, que agem nos indivíduos e orientam suas ações na vida social. Pode-se falar, então, de *habitus* de classe.

No caso da família, esta é uma grande transmissora desse conjunto de disposições, de *habitus*, que, por sua vez, é uma reprodução de um *habitus* normalmente encontrado na classe social em que essa família se encontra.

> A escola, por meio de suas atividades, de sua forma didática, dos conteúdos que transmite, legitima uma espécie de *habitus* mais comumente presente nas famílias das classes dominantes.

Podemos exemplificar esse fato com a constatação de que a escola trabalha e legitima como correta a língua culta, a norma gramatical, cuja apropriação ocorre por um mecanismo que está longe de ser espontâneo, ou cotidiano. Esse tipo de linguagem, positivamente legitimada, é adquirido pela imersão densa no contato com ela, que se dá no seio familiar, pela linguagem cotidiana dos pais ou pelo acesso aos livros. Acostumadas com essa linguagem, as crianças dessas famílias chegam à escola com uma bagagem (capital cultural) que facilita sua inserção nos conteúdos escolares, determinando o êxito delas. O que ocorre para as crianças das classes menos favorecidas é que a linguagem culta se contrapõe às experiências cotidianas, surgindo, na escola, como um rompimento com sua vida hodierna e, portanto, dificultando as possibilidades de êxito na escola*. Nas palavras de Nogueira e Nogueira (2002, p. 21):

> Cada indivíduo passa a ser caracterizado por uma bagagem socialmente herdada. Essa bagagem inclui, por um lado, certos componentes objetivos, externos ao indivíduo, e que podem ser postos a serviço do sucesso escolar. Fazem parte dessa primeira categoria o capital econômico, tomado em termos dos bens e serviços a que ele dá acesso, o capital social, definido como o conjunto de relacionamentos sociais influentes mantidos pela família, além do capital cultural institucionalizado, formado basicamente por títulos escolares. A bagagem transmitida pela família inclui, por outro lado, certos componentes que passam a fazer parte da própria subjetividade do indivíduo, sobretudo, o capital cultural na sua forma "incorporada". Como elementos constitutivos dessa forma de capital merecem destaque a chamada "cultura geral" – expressão sintomaticamente vaga; os gostos em matéria de arte, culinária, decoração, vestuário, esportes etc.; o domínio maior ou menor da língua culta; as informações sobre o mundo escolar.

Essa passagem esclarece o papel da família na distinção dos indivíduos, a partir das heranças que proporciona aos seus filhos e, também, como essa herança influi fortemente no sucesso ou fracasso

---

* Claro está que não estamos propondo um determinismo de classe, ou seja, somente terão êxito as crianças das classes abastadas, mas, sim, que esse é um fenômeno presente e fundamental no sucesso e no fracasso escolar.

escolar. A instituição escolar, na perspectiva de Bourdieu, é uma instituição marcadamente reprodutora, e faz isso ao valorizar positivamente os conteúdos da cultura culta, excluindo aqueles que não possuem os três tipos de capital acima citados: o capital econômico, o capital social e o capital cultural.

Algo que caracteriza a teoria do sociólogo francês é a aceitação de que o capital cultural é predominante, em relação aos demais, no sucesso ou no fracasso escolar.

> Os códigos culturais das famílias, que representam códigos de classe, podem facilitar ou dificultar, incluir ou excluir, os estudantes da escola. A escola pode se constituir em continuidade da vida cotidiana, ou representar um verdadeiro "novo mundo" a ser explorado, com todas as dificuldades que isso traz para as crianças.

Outra forma de reproduzir as relações sociais pela escola se dá no fato de que esta ignora as desigualdades sociais ao empreender suas práticas cotidianas.

Nas palavras de Bourdieu (1998, p. 53):

> para que sejam favorecidos os mais favorecidos e desfavorecidos os mais desfavorecidos, é necessário e suficiente que a escola ignore, no âmbito dos conteúdos do ensino que transmite, os métodos e técnicas de transmissão e dos critérios de avaliação, as desigualdades culturais entre as crianças das diferentes classes sociais. Em outras palavras, tratando todos os educandos, por mais desiguais que sejam eles de fato, como iguais em direitos e deveres, o sistema escolar é levado a dar sua sanção às desigualdades iniciais diante da cultura.

> Podemos dizer, portanto, que a forma socialmente concretizada de marginalização a partir da escola é o próprio silêncio sobre as desigualdades culturais, presentes na sala de aula. Tratar todos como iguais, quando, de fato, são desiguais é uma forma escolar de incluir os favorecidos e excluir os desfavorecidos. Aquilo que é tido como neutro, como as práticas didáticas, a avaliação, os conteúdos escolares, as técnicas, de fato não o é. O discurso da neutralidade da escola, típica do tecnicismo, é uma forma ideológica de manter a escola longe das críticas radicais, por parte da população, que perpetua uma visão de que "a escola" é o lócus de obtenção da redenção social, da salvação das pessoas das classes mais pobres de sua pobreza.

Aparecendo como neutra e, portanto, aberta a todos igualmente, a escola legitima, como mecanismo de desigualdade, o dom. Aqueles alunos que galgam sucesso escolar são tratados como possuindo uma aptidão nata para assimilar os conteúdos escolares.

Fundada numa ideologia meritocrática, a explicação pelo dom esconde o fato de que as desigualdades escolares se originam socialmente pela desigualdade na posse de capital cultural, econômico e social. O dom distingue as classes, tornando os percursos sociais como "destinos", perante os quais é difícil uma superação. Segundo Bourdieu (1998, p. 59):

> Além de permitir à elite se justificar de ser o que é, a "ideologia do dom", chave do sistema escolar e social, contribui para encerrar os membros das classes desfavorecidas no destino que a sociedade lhes assinala, levando-os a perceberem como inaptidões naturais o que não é senão efeito de uma condição inferior, e persuadindo-os de que eles devem o seu destino social (cada vez mais estreitamente ligado ao seu destino escolar, à medida que a sociedade se racionaliza) à sua natureza individual e à sua falta de dons.

A escola, com base no que foi dito acima, reproduz as relações sociais desiguais legitimando o dom, ou seja, encarando o sucesso ou fracasso como produtos da ação individual, que é remetida para a responsabilidade da família, culpabilizando-a pelo fracasso escolar dos seus filhos. Na fala dos professores é comum ouvir-se a respeito do papel negativo cumprido pelos pais ao não incentivarem os filhos, ao não proporcionarem condições de estudo aos filhos.

As ações dos grupos sociais, especialmente das famílias, com relação aos investimentos educacionais são divididas em três, segundo a posição de classe baixa, média e alta, conforme a proposição de Bourdieu (Nogueira; Nogueira, 2002, p. 23-24). A primeira se relaciona às famílias com baixo poder aquisitivo, que investem de forma moderada no ensino dos seus filhos, no caso brasileiro, nas escolas públicas. A razão para esse baixo investimento, além da própria situação econômica que ele não permite, é reforçada pela percepção, real na maioria das vezes, de que há poucas chances de sucesso profissional, o que torna arriscado tal investimento. Ademais, o retorno dos títulos depende do capital social, cultural e econômico das famílias, além de que, dada a sua falta, os títulos possuem pouco impacto no incremento de renda familiar.

Além disso, os resultados dos investimentos educacionais se dão a longo prazo, pois essas famílias não possuem base material para essa espera, que, ademais, é incerta. Uma das consequências e razões dessa incapacidade de espera do retorno desses investimentos educacionais é o fato de que as famílias dependem da contribuição financeira dos filhos e, consequentemente, adiantam sua entrada no mercado de trabalho.

Essa situação leva a uma posição "liberal" dessas famílias em relação ao percurso escolar dos filhos, ou seja:

> A vida escolar dos filhos não seria acompanhada de modo muito sistemático e nem haveria uma cobrança intensiva em relação ao sucesso escolar. As aspirações escolares desse grupo seriam moderadas. Esperar-se-ia dos filhos que eles estudassem apenas o suficiente para se manter (o que, normalmente, dada a inflação de títulos, já significa, de qualquer forma, alcançar uma escolarização superior à dos pais) ou se elevar ligeiramente em relação ao nível socioeconômico dos pais. Essas famílias tenderiam, assim, a privilegiar as carreiras escolares mais curtas, que dão acesso mais rapidamente à inserção profissional. (Nogueira; Nogueira, 2002, p. 25)

Apesar de ser um tanto "dura", essa posição dos autores, embasados nas conclusões de Bourdieu, nos faz refletir acerca dos posicionamentos familiares em relação à escola e, empiricamente, é muito provável que tenham razão. No entanto, não se pode argumentar que tal posição familiar advém de um propósito racionalmente incorporado contra a escolarização dos filhos. Essa posição liberal advém muito mais de uma reação às condições materiais em que se inserem socialmente, as quais não se adéquam aos custos dos investimentos educacionais. Essa é mais uma forma em que se apresenta a reprodução social a partir da escolarização.

Diferentes das classes mais pobres, as classes médias, na concepção dos autores, investem fortemente na educação de seus filhos. Em primeiro lugar, obviamente, o poder aquisitivo dessas famílias permite o investimento em educação, e essa condição financeira é reforçada pela objetiva situação social, que promove chances reais de ascensão aos filhos da classe média, a partir do êxito escolar. Outra observação de Bourdieu a esse respeito é que essas famílias de classe média, em geral advindas das classes populares, desejam continuar ascendendo e veem nos filhos essa esperança, tendo a escolarização como meio para alcançar esse objetivo.

Com relação ao capital cultural, essas famílias investem na compra de livros, na frequência a eventos culturais e em outras formas de valorização da cultura culta, as quais legitimam positivamente buscando-as como a forma correta de se inserir na cultura.

Com relação às elites, o investimento pesado em educação se dá de forma diferenciada em relação às classes médias, pois, para estas, a questão do sucesso é algo natural devido ao fato de que essas famílias possuem as várias formas de capital: social, cultural e econômico. A questão da luta pela ascensão social também não é colocada como horizonte para essa elite, pois a manutenção na posição de elite não depende do sucesso escolar dos filhos.

Outra característica a ser levada em conta no comportamento das famílias em relação ao investimento educacional diz respeito à trajetória social da família: ascendente ou descendente. No primeiro caso, o investimento em educação tende a ser mais efetivo; no segundo caso, o investimento ficaria comprometido ou, pelo menos, elas teriam menos esperanças na escolarização dos filhos. Isso, para alguns autores, pode aproximar a relação com a educação de famílias de posições diferentes na sociedade.

A partir das análises da sociologia de Pierre Bourdieu, aqui apenas apresentadas, podemos inferir que a comunidade escolar, que tem na família um membro nato, pode ser caracterizada a partir das posições das famílias dos estudantes da escola. Isso nos leva a compreender a comunidade escolar como um conjunto heterogêneo de expectativas, investimentos e relações com a educação dos filhos.

> A depender dessa caracterização das famílias, teremos maior ou menor presença dos pais ou responsáveis na escola; teremos mais ou menos qualidade no diálogo entre professores e pais; teremos mais ou menos intervenção das famílias no cotidiano escolar etc. Daí advém a importância do conhecimento sociológico das famílias que compõem a comunidade escolar, já que esse conhecimento poderá facilitar a relação escola e comunidade escolar.

Síntese

O segundo capítulo trouxe como contribuição um estudo mais próximo da escola, com base numa perspectiva histórica e sociológica. Dessa forma, chegamos ao tema principal deste livro, abordando-o com base em autores que trataram da relação entre família e escola, pois, sem dúvida, essa instituição é o mais importante membro da comunidade escolar, além dos atores especificamente escolares. A família tem um papel importante por dois motivos: ela se relaciona com a educação por ter seus filhos na escola, e esta, em nossa sociedade, representa uma possibilidade importante de ascensão e integração social. Por outro lado, a família, devido a esse vínculo, demanda à escola, de forma mais ou menos efetiva, que cumpra o papel de educar seus filhos.

A obra de Archêro Júnior trouxe um retrato tradicional dessa relação, refletindo o pensamento da sociologia da educação nos anos de 1920 e 1930, de inspiração durkheimiana. Para essa concepção, a família tem a função de socializar as crianças, com fortes traços moralistas.

O Método Paulo Freire foi uma grande inovação em termos da educação de adultos, sendo inspiradora para práticas pedagógicas contemporâneas, como as do Movimento dos Trabalhadores Rurais Sem Terra (MST), que analisaremos no terceiro capítulo. A sua experiência de alfabetização de adultos coloca como central a relação do educador e, logo, da escola com a vida dos educandos. A própria vida da comunidade escolar gera os conteúdos para a ação educativa, que, assim, aproxima escola e vida, auxiliando no processo de conscientização e mudança social.

Na obra de Luiz Pereira, apreendemos a relação entre escola e comunidade por meio das perspectivas das famílias sobre o percurso escolar e os impactos desse percurso no futuro profissional. O estudo desse autor, um marco na sociologia da educação, é paradigmático dos estudos fenomenológicos, de caráter weberiano, e serve de exemplo para estudos a serem reproduzidos nesta concepção.

O último tópico do capítulo trouxe as contribuições da sociologia educacional de Pierre Bourdieu, que, entre outras, analisa a relação entre família e escola da perspectiva dos investimentos familiares na educação dos filhos, visando a reprodução da condição de classe. Nessa perspectiva, a crítica à escola como reprodutora das relações sociais se dá pelo fato de que nela é privilegiada a cultura da elite, detentora do capital cultural e financeiro, sendo, portanto, uma instituição que proporciona sucesso mais palpável para os filhos das famílias ricas, excludente para os mais pobres.

Este capítulo proporcionou o conhecimento de teóricos e da perspectiva sociológica a respeito da relação entre escola e comunidade, por meio da família como eixo dessa relação. Com base nessas discussões, você poderá olhar para a realidade das escolas e apreender de forma mais consistente a comunidade escolar.

Indicações culturais

Filmes

MESTRADO da vida. Direção: Josias Pereira. Brasil, 2006. 13 min. Disponível em: <http://youtube.com/watch?v=yf1KAR-5fJs>. Acesso em: 25 nov. 2010.

Esse curta-metragem, ótimo para se trabalhar, traz a cena de um pretenso assalto, que acaba por se configurar em um diálogo entre uma universitária, cuja dissertação de mestrado trazia em mãos, e um adolescente afrodescendente, que a aborda quando ela chega para abrir seu carro. No final das contas, o garoto se mostra um menino inseguro e sem nenhuma condição de ser assaltante, pois, apesar das condições de vida que vivenciou, tem valores morais que o impedem de concretizar o assalto. O diálogo dos dois atores traz reflexões sobre o papel da escola na construção dos percursos da vida, especialmente seu papel de reprodutora das relações sociais. Esse vídeo, disponível no YouTube, pode ser discutido em vários momentos deste capítulo, especialmente no que diz respeito à obra de Luiz Pereira e de Bourdieu, porém se relaciona com as premissas de Paulo Freire.

PRO DIA nascer feliz. Direção: João Jardim. Brasil: Copacabana Filmes, 2006. 88 min.

O documentário pode ser utilizado para discussões a respeito do acesso à educação, da questão da qualidade, da cultura de cada região do país, das gírias dos adolescentes, dos sotaques etc. Porém, o tema mais marcante é a desigualdade no acesso à educação entre as regiões e entre a população mais pobre e a mais rica. As discussões advindas do documentário podem ilustrar, especialmente, a última parte do capítulo, afinal, trata de percursos escolares de diferentes classes sociais.

Livros

FREIRE, P. Pedagogia da autonomia: saberes necessários à prática pedagógica. São Paulo: Paz e Terra, 1996.

Nesse livro, bem acessível, Paulo Freire expõe, de forma bastante didática, as premissas de sua concepção acerca do processo educativo. Nesse processo está presente a necessidade da dialogicidade na prática pedagógica, do respeito ao educando como sujeito de seu conhecimento e como ser social, assim como a necessidade de que uma prática educativa libertadora se baseie na realidade social do educando.

AUSTEN, J. Orgulho e preconceito. São Paulo: Record, 2006.

Nesse clássico da literatura inglesa podemos apreender como se dava a relação entre o capital cultural e financeiro nas famílias aristocráticas inglesas no final do século XVIII. A linguagem da autora e sua capacidade de descrição das personalidades e situações nos envolvem num universo cheio de preconceitos e, ao mesmo tempo, cheio de ricas chaves compreensivas da sociedade inglesa e, também, da nossa. A mulher, a escola, a formação cultural e os percursos sociais são algumas das temáticas que podem ser retiradas dessa excelente leitura.

CASTRO, J. de. Homens e caranguejos. Rio de Janeiro: Civilização Brasileira, 2001.

Nesse livro, escrito em 1966, vemos retratada de forma genial a forma de vida de homens que vivem na cidade de Recife, junto aos mangues, e que por falta de opções, ou até mesmo por questões históricas e culturais, retiram desse habitat seu meio de vida. De tal modo esses homens se misturam ao meio em que subsistem que acabam se confundindo com ele. A leitura deste tão importante quanto esquecido livro pode gerar a discussão acerca das condições materiais e de como essas condições determinam a vida em geral. No caso da comunidade escolar, essa questão é importante, pois é fato que o modo como vive a comunidade, as suas fontes de renda, determina, de certa forma, os alunos da escola.

ALMEIDA, A. M. F.; NOGUEIRA, M. A. (Org.). Escolarização das elites. 2. ed. Petrópolis: Vozes, 2003.

Esse livro, que se origina de pesquisas nacionais e internacionais vinculadas à discussão das elites e ao percurso escolar, fornece subsídios para a discussão a respeito dos processos de escolarização dos filhos das elites, de quais são os papéis cumpridos pela escola na reprodução da riqueza familiar e, também, das desigualdades sociais. Esse livro é fundamental para a compreensão da teoria educacional de Bourdieu e de suas consequências em termos de análise social.

Site

ERD FILMES. Disponível em: <http://www.erdfilmes.com.br>. Acesso em: 30 nov. 2010.

Esse site é dedicado a socializar produções em vídeo e textos, acerca de temas socialmente relevantes, de forma provocativa. São vários vídeos disponíveis para os educadores trabalharem em suas salas de aula, visando ao debate com os estudantes, ou para leitores interessados nesses temas aprofundarem mais seus conhecimentos.

Atividades de autoavaliação

1. Indique se as afirmações a seguir são verdadeiras (V) ou falsas (F):

   ( ) A família, para Archêro Júnior, é a instituição que, depois da escola, é fundamental para a socialização das crianças.

   ( ) A socialização é um fato social porque ela torna-se uma opção socialmente condicionada, na qual cada indivíduo pode se inserir ou não.

   ( ) A família é a instituição socializadora por excelência, e a pressão sobre os filhos é forte, devido à proximidade entre pais e filhos.

   ( ) A socialização, segundo Archêro Júnior, ocorre conforme os princípios formulados por Émile Durkheim e se impõe aos indivíduos, de forma que não podem ter grande margem de escolha.

   Assinale a alternativa que corresponde corretamente à sequência obtida:

   a) F, V, V, F.
   b) V, F, F, V.
   c) F, F, V, V.
   d) F, V, V, V.

2. Assinale a alternativa verdadeira:

   a) As crianças, segundo Archêro Júnior, são influenciadas por fenômenos externos, o que ele chama de *educação moral*.

   b) A educação moral é papel da família e tem o objetivo de transformar a criança em um ser consciente para que ele possa viver em sociedade.

   c) A formação profissional se dá fora dos limites impostos pela família, pois esta não tem responsabilidade sobre a formação moral das crianças.

d) Cidadãos esclarecidos, segundo Archêro Júnior, são aqueles que seguem a orientação dos pais, pois advém destes o encaminhamento moral para a vida social.

3. Assinale verdadeiro (V) ou falso (F) para as seguintes afirmações:

( ) Paulo Freire concebe a educação como ato libertador e conscientizador.

( ) Os temas geradores são encontrados na prática social dos educandos.

( ) A relação do educador com os educandos deve se pautar pela ideia de que é o educador o responsável por transmitir conhecimentos, pois os educandos analfabetos não são capazes de construir conhecimentos sem essa ajuda.

( ) A invasão cultural significa a ação educativa que despreza o saber dos educandos.

Assinale a alternativa que corresponde corretamente à sequência obtida:

a) V, F, V, V.
b) V, F, F, V.
c) F, V, F, V.
d) V, V, F, V.

4. Assinale a alternativa correta:

a) Luiz Pereira demonstra como são negativas as expectativas dos pais em relação ao papel da escola na vida dos filhos.

b) As famílias estudadas por Luiz Pereira prefeririam uma formação profissional especializada para seus filhos, pois isso poderia garantir melhor emprego e salário.

c) A pesquisa de Luiz Pereira é importante para que se acabe com o mito de que a escolarização dos pais interfere na vida escolar dos filhos.

d) As famílias estudadas por Luiz Pereira demonstravam facilidade em manter os filhos até o final do percurso escolar.

5. Sobre a teoria da reprodução e suas consequências, assinale com (V) as afirmativas verdadeiras e com (F) as afirmativas falsas:

( ) As famílias transmitem certo capital cultural para seus filhos, o que será importante na trajetória escolar destes.

( ) O dom significa uma expectativa de que os pobres, com base em algo entendido como além do normal, possam superar a situação em que se encontram.

( ) O capital econômico não se relaciona com o sucesso escolar, somente o capital cultural.

( ) A ideologia do dom favorece a inanição das classes mais baixas, por ter seu destino já traçado, contra o qual nada se pode fazer.

Assinale a alternativa que corresponde corretamente à sequência obtida:

a) V, F, F, V.
b) F, V, F, V.
c) V, F, V, F.
d) F, V, V, V.

Atividades de aprendizagem

Questões para reflexão

1. Construa uma relação possível entre a teoria formulada por Bourdieu e seus intérpretes brasileiros e as conclusões efetuadas por Luiz Pereira.

2. Com base em Paulo Freire e seu método, como podemos pensar, atualmente, a prática docente?

Atividade aplicada: prática

Depois de uma autorização da escola, faça um levantamento socioeconômico em uma ou mais salas de aula, com questionários e/ou entrevistas com alunos e/ou pais. Além destes, entreviste professores e outros profissionais da escola acerca da relação entre as condições sociais e o percurso escolar.

3

Participação da comunidade escolar e gestão democrática da escola

ste terceiro capítulo tratará especificamente da gestão democrática da escola e da participação da comunidade escolar, tendo como parâmetro, no primeiro tópico, uma discussão teórica acerca do tema da gestão, da política e do poder, calcado em autores que discutem a gestão da escola como ato político e, como tal, dotado de uma luta pelo poder. Tema clássico da ciência política, o poder tem várias caracterizações. Dentre elas, a mais conhecida e proposta pelo sociólogo alemão Max Weber, é a de que tem o poder o grupo que consegue impor seus projetos aos demais grupos sociais.

> *O caso da gestão escolar, no entanto, deve ser tratado dessa forma? Ou seja, na escola, o que vale é a luta entre grupos distintos que pretendem, a cada momento, fazer prevalecer seus projetos? Então, nesse caso, a gestão escolar é uma constante luta entre esses grupos? Ou, ao contrário, por ser a escola palco de um projeto maior, de formação humana, deve ser palco de um outro tipo de política, aquele em que prevalece a capacidade humana de agir com vistas a um fim coletivo, maior que os interesses particulares dos grupos?*

Outra questão levantada, já no segundo tópico do capítulo, é sobre a nossa tradição autoritária brasileira, que sempre excluiu o povo das decisões políticas, tendo neste apenas o legitimador dos projetos das elites políticas e econômicas. Nesse caso, a herança patrimonialista é um grande obstáculo à verdadeira participação democrática, que deve ser consciente e livre, não somente na escola, mas em toda a sociedade.

Para terminar este capítulo, no último tópico traremos um exemplo que consideramos paradigmático da possibilidade de participação democrática na escola, que é dado pelo Movimento dos Trabalhadores Rurais Sem Terra (MST), nas suas escolas itinerantes, localizadas nos acampamentos. A luta da comunidade de militantes do MST pela legitimação dessas escolas, a importância devida à educação no processo de luta pela terra e a consciência do movimento de que as suas crianças não podem ser excluídas do processo educativo enquanto acompanham e lutam com seus pais pela terra não é menor do que a participação cotidiana para a manutenção e desenvolvimento dessas escolas, que muitas vezes existem sem apoio oficial e persistem graças à organização desses militantes.

> Dessa lição e da consciência da nossa histórica bagagem autoritária podemos, no processo de formação de professores, atentar para que, nas escolas em que atuem, persistam em avançar, mesmo que contra a maré dominante, para a abertura política, para uma gestão realmente democrática.

3.1 Gestão democrática e poder

A gestão democrática, assim como todo o universo que envolve a administração da coisa pública, no caso, a escola, envolve necessariamente uma disputa pelo/por poder, afinal, gerir uma escola é uma ação política e, por isso, uma ação de poder.

> A gestão democrática, assim como todo o universo que envolve a administração da coisa pública, no caso, a escola, envolve necessariamente uma disputa pelo/por poder, afinal, gerir uma escola é uma ação política e, por isso, uma ação de poder.

Na ciência política, o sociólogo alemão Max Weber (1864-1920) se tornou um clássico ao afirmar a relação intrínseca entre política e poder, ressaltando que esse poder significa a capacidade que tem um grupo social de impor aos demais as suas ideias e projetos. Esse conceito clássico de poder nos orienta para adquirirmos parâmetros de conduta de poder na escola.

Pergunta-se: é assim que deve ser exercido o poder na escola? Há de se impor o poder de um pequeno grupo dominante aos demais?

Por um lado, temos a visão de Maurício Tragtenberg (2001), que, em artigo clássico na área da educação, afirma categoricamente que a escola é um aparelho que usa o poder para disciplinar e produzir saber. Por outro lado, temos a resposta encontrada em Ângelo Ricardo de Souza (2009), para quem a relação de poder na escola não deve seguir os parâmetros da imposição, tal como a definiu Weber. Vejamos mais de perto cada uma destas posições.

O princípio do qual parte Tragtenberg (2001) é que as relações entre os atores da escola reproduzem, em menor escala, as relações existentes na sociedade. A questão disciplinar é o que diferencia a análise do autor, que se baseia nos estudos do filósofo francês Michel Foucault. "Conforme diz o pensador francês Michel Foucault, a escola é o espaço onde o poder disciplinar produz o saber" (Tragtenberg, 2001).

> Na escola, a disciplina é alcançada pelo controle a que são submetidos os alunos, desde os rituais de entrada, na sala de aula, onde devem ocupar lugares predeterminados, nas listas de chamadas, em que são confundidos com números, até todo o processo de documentação do aluno.

Tudo isso leva ao disciplinamento dos corpos dos alunos, visando à futura formação de cidadãos comportados. Para Tragtenberg, até mesmo a psicologia infantil surge com esse intento.

> "Conhecer a alma, a individualidade, a consciência e o comportamento dos alunos é que tornou possível a existência da psicologia da criança e a psicopedagogia" (Tragtenberg, 2001).

Na prática cotidiana, os alunos são submetidos à vigilância, por meio de controles, como o boletim, as provas, as normas escolares e as restrições de locomoção. Mesmo a prática de ensino, assinala o autor, reduz-se à vigilância, ou seja, ao aluno é importante que saiba que está sendo vigiado pelo professor, e o professor pelos seus superiores hierárquicos. O que é enfatizado na escola são os pontos negativos dos alunos, como é o caso comum dos chamados alunos problemáticos, ou estigmatizados pela cor da pele, classe social, aspectos físicos etc.

Os rótulos separam os alunos na escola, classificando--os como são classificadas as pessoas na sociedade.

A escola, ao dividir os alunos e o saber em séries, graus, salienta as diferenças, recompensando os que se sujeitam aos movimentos regulares impostos pelo sistema escolar. Os que não aceitam a passagem hierárquica de uma série a outra são punidos com a "retenção" ou a "exclusão" (Tragtenberg, 2001).

A escola é um lugar de reforço de preconceitos, segundo o autor, o que, mais uma vez, é uma reprodução das relações sociais. Assim como nessas relações, as punições escolares não visam a superação dos estigmas, mas o reforço destes, impingindo aos alunos uma marca de anormalidade, confinando-os em grupos rechaçados dos demais, como os loucos, criminosos etc.

A punição escolar é naturalizada e o poder burocrático da escola faz com que todos aceitem essa situação. Afinal de contas, o poder burocrático torna *impessoal* as relações, e de uma forma impositiva. O poder do papel é quase incontestável em nossa sociedade.

> A autoridade delegada aos diretores, aos coordenadores e aos professores, por portarias oficiais dos órgãos de educação, dão a eles poder de oprimir os seus inferiores hierárquicos, e os alunos estão na parte mais baixa nessa pirâmide hierárquica.

Tragtenberg (2001), acerca do controle, disserta a respeito do controle do diário de classe, que é um mecanismo herdado dos presídios, nos quais há o objetivo de controlar o número de presos, evitando-se com isso a possibilidade de fugas. O professor, dessa forma, torna-se um preposto do Estado, no que concerne ao controle. No interior da escola, o professor também é submetido à hierarquia:

O professor é submetido a uma hierarquia administrativa e pedagógica que o controla. Ele mesmo, quando demonstra qualidades excepcionais, é absorvido pela burocracia educacional para realizar a política do Estado, portanto, da classe dominante em matéria de educação. Fortalecem-se os célebres "órgãos" das Secretarias de Educação em detrimento do maior enfraquecimento da unidade escolar básica.

> Não é incomum ouvirmos reclamações dos professores sobre o cotidiano exaustivo e reduzido ao preenchimento de papéis, que, na visão deles, não têm muito sentido, mas que devem ser preenchidos pela obrigatoriedade do sistema burocrático. Essa atividade burocrática que toma o tempo do professor, além de uma forma de controle, retira dele a possibilidade de desenvolvimento intelectual e pedagógico. Esse tipo de atividade reduz a docência a controlar alunos, por meio de controles de notas, presenças, avaliações etc. Ao mesmo tempo, existem professores que, imbuídos desse "poder" de controle, operam na sua prática o autoritarismo contra aqueles que são seus inferiores hierárquicos, os alunos.

Na unidade escolar básica é o professor que julga o aluno mediante a nota, participa dos Conselhos de Classe onde o destino do aluno é julgado, define o Programa do Curso nos limites prescritos, prepara o sistema de provas ou exames. Para cumprir essa função, ele é inspecionado, é pago por esse papel de instrumento de reprodução e exclusão. (Tragtenberg, 2001, grifo do original)

Percebemos que Tragtenberg tem uma posição crítica em relação às relações hierarquizadas na escola, e sua postura crítica deve ser levada em conta ao pontuarmos as relações entre escola e comunidade. Os pais, nesse processo hierárquico, são tratados, geralmente, com desprezo ou como ignorantes em termos educacionais e as suas opiniões não são, geralmente, levadas em conta no planejamento escolar. Isso é evidente nas práticas das reuniões de pais e mestres, em que os professores se sentem no direito de apontar as falhas daqueles alunos tidos como indisciplinados e, ao mesmo tempo, cravar positivamente as qualidades daqueles alunos adaptados às normas escolares. E, mais importante, essas diferenciações são tratadas como naturais pelos professores, como se o problema fosse individual ou familiar.

A avaliação escolar, segundo Tragtenberg, nada mais é que um processo de seleção realizado pela escola, por meio da ação do professor. A avaliação, ao invés de ser um meio, passa a ser um fim em si mesma.

"O fim, que deveria ser a produção e transmissão de conhecimentos, acaba sendo esquecido. O aluno submete-se aos exames e provas. O que prova a prova? Prova que o aluno sabe como fazê-la, não prova seu saber" (Tragtenberg, 2001).

Retomando os estudos de Bourdieu, os exames escolares excluem aqueles que não estão adaptados à linguagem formal, disseminada como única na escola. Os exames excluem os pobres, que, socialmente, são excluídos sem exames.

A saída, comenta Tragtenberg, é que o professor parta de uma situação de alienação para contestar a situação educativa e social em que se encontra como profissional. Dessa forma, o professor pode pressionar as hierarquias superiores ao mesmo tempo em que, tendo uma postura desse tipo, pode-se colocar de forma mais democrática nas relações com seus alunos, com os pais, exigindo relações democráticas de seus superiores na escola. Assim, Tragtenberg (2001) aponta sua "utopia" de escola democrática:

> A possibilidade de desvincular saber de poder, no plano escolar, reside na criação de estruturas horizontais onde professores, alunos e funcionários formem uma comunidade real. É um resultado que só pode provir de muitas lutas, de vitórias setoriais, derrotas, também. Mas sem dúvida a autogestão da escola pelos trabalhadores da educação – incluindo os alunos – é a condição de democratização escolar. Sem escola democrática não há regime democrático; portanto, a democratização da escola é fundamental e urgente, pois ela forma o homem, o futuro cidadão.

A discussão desse autor nos leva a ampliar a questão da democracia na escola para a relação de poder nela existente.

> Não se pode pensar em gestão escolar democrática se não se colocar em pauta as hierarquias escolares, especialmente os autoritarismos cotidianos, impressos na centralidade burocrática do reino dos papéis, das avaliações formais e sem sentido, na relação de subordinação dos alunos aos professores e na secundarização, ou menosprezo, do papel dos pais na escola, entre outros.

Como afirma o autor, essa democracia na escola não se dará espontaneamente, mas será resultado da disposição dos atores sociais, ainda que os limites de uma sociedade autoritária, como a brasileira, reduzam as possibilidades de que isso ocorra.

Outra análise possível é proposta por Souza (2009), que também discute a relação democrática na escola como relação de poder. A concepção defendida por esse autor é que o poder na escola se assemelha à concepção humanista, ou seja, de que o poder decorre "da capacidade humana de agir em conjunto com outros, construindo uma vontade comum" (Souza, 2009, p. 124), isso porque os objetivos da escola não são compatíveis com uma concepção de poder autoritário, já que visa à emancipação e conscientização dos estudantes. No entanto, seja no sentido weberiano, isto é, da imposição do projeto de um grupo sobre os demais, seja na concepção humanista, sempre se tratará de poder, pois este é inerente à atividade política, na qual se enquadra a gestão da escola.

Um exemplo citado pelo autor, e que diz respeito à gestão democrática, é o paradigma da maioria, em que as decisões na escola são tomadas levando-se em conta o voto da maioria, como na democracia formal. As decisões da maioria podem se reverter em violência, quando essa maioria não fundamenta racionalmente suas posições. Um meio de evitar tal situação de violência da maioria, segundo Souza, é o diálogo:

> A instituição de conselhos de escola, eleições para dirigentes escolares ou outros mecanismos tidos como de gestão democrática que atuam a partir da regra da maioria, *per si*, portanto, não representam a essência da democracia. Se os indivíduos que compõem essas instituições não pautarem suas ações pelo diálogo e pela alteridade, pouco restará de democrático nessas ações coletivas. Diante disso, a busca da força do argumento parece ser a alternativa. (Habermas, citado por Souza, 2009, p. 125)

Está, portanto, no diálogo e na alteridade, segundo esse autor, a essência da democracia, e não no estabelecimento de instituições formais, como as citadas no trecho anterior. A participação de todos os envolvidos na comunidade escolar é condição *sine qua non* de uma gestão democrática, com base em relações de poder pautadas no diálogo e na alteridade.

Uma questão interessante levantada por Souza é que a democracia na escola é também um processo de formação política dos atores da comunidade escolar.

> Gestar uma escola de forma democrática, do ponto de vista do diretor da escola; trabalhar com a rotina burocrática; coordenar as ações pedagógicas e dos alunos; lecionar; estudar na escola; ter seus filhos na escola convivendo com professores, coordenadores e diretores são os principais papéis que cada ator da comunidade preenche no cotidiano da escola.

Para cada um deles é necessária uma postura republicana, ou seja, uma postura que reflita a compreensão do bem comum e da busca pela melhoria da educação, no sentido da emancipação. Não se trata de relações sem tensão, ao contrário, todos esses papéis anteriormente listados e as relações entre eles são tensos e se pautam por diferenças de projetos, de expectativas, de visões de mundo e de práticas cotidianas. Dessa complexa miríade de relações é que advêm os desafios da gestão democrática, pois cada ator da comunidade escolar é dotado de uma forma de poder, e é caminho bastante comum a sobreposição desses poderes ou a vontade de domínio de uns sobre os outros.

Souza (2009, p. 127) apresenta sua visão acerca do tema da educação política:

> parece que há dificuldades para a constituição dessa educação política e, pior, em seu lugar parece haver a constituição de elementos de reprodução do autoritarismo pela própria educação escolar. A escola, como todas as demais instituições, está solidificada pelos mesmos princípios instituidores da sociedade, uma vez que é parte dela, instituinte dela e instituída por ela. Dessa maneira, expressa formas de manutenção e reprodução da cultura muito próximas do que acontece fora dos seus domínios.

Esse trecho parece demonstrar uma proximidade com a posição assumida por Tragtenberg a respeito do poder na escola, inclusive acerca do poder reprodutor da escola na sociedade.

> A educação política dos atores da comunidade escolar, que seria pautada por uma mentalidade aberta e democrática, republicana mesmo, não é possível de ser levada a efeito se o ambiente escolar, e social, não está articulado com essa perspectiva.

De fato, como já afirmamos no início deste capítulo, há historicamente uma formação autoritária no país e essa formação atinge os poros mais profundos da sociedade e das formas de sociabilidade, desde a família e o predomínio masculino, até a escola, com o autoritarismo do diretor da escola. Esse autoritarismo dentro da escola é levado a efeito na discriminação dos alunos, na sua classificação, na estigmatização dos piores e louvação dos melhores. Com base nas palavras de Souza (2009), só é possível superar o autoritarismo sendo verdadeiramente democrático, e é este o caminho do poder na gestão escolar democrática.

Outro ponto de vista abordado pelo autor, baseado em Bourdieu, é o fato de que a escola naturaliza as diferenças, tratando todos os alunos como iguais. Essa forma de poder, dissimulada em democracia, reproduz as desigualdades sociais no âmbito da escola. Outra questão é o parâmetro real da democratização da escola, que é a possibilidade do acesso de todos ao sucesso escolar, frente a uma realidade de exclusão dos alunos das classes mais pobres da sociedade. Essa questão deve ser levada em conta na avaliação de uma escola como democrática ou não, pois nenhuma instância formal ou burocrática pode superar a necessidade de acesso aos conhecimentos proporcionados pela escola. Se esse acesso é negado à boa parte dos alunos, logo a democracia na escola deve ser revisitada. O contrário disto seria legitimar, como de fato ocorre, a desigualdade diante da ideia de percurso escolar como responsabilidade individual ou familiar, retirando a responsabilidade do sistema educacional e da sociedade em geral, artifício este muito comum em tempos de neoliberalismo.

Souza (2009, p. 129), retomando as ideias do pensador italiano Norberto Bobbio acerca da democracia, aponta as três características desse regime: a decisão das maiorias; participação ampla nas decisões; e condições reais de participação dos sujeitos nos processos decisórios. Podemos levar essas características para a escola e tomá-las como parâmetros para avaliar a democratização da participação da comunidade escolar. A questão das maiorias já foi comentada e não há a necessidade de voltarmos a ela. O segundo item da pauta democrática – a ampla participação dos atores nos processos decisórios – nos leva a analisar quais membros da comunidade escolar realmente são chamados e participam desses processos na escola.

> *Quais as formas de comunicação entre esses atores? São apenas notificados, com bilhetes levados pelos alunos, sobre reuniões e pautas, ou são chamados pessoalmente, via telefonema, e-mail etc.? Quem decide as instâncias de decisão? Como elas funcionam? Qual o quorum para que se possa decidir as questões relevantes da escola?*

Essas e outras questões podem responder a respeito da amplitude da participação. O terceiro item, ou seja, a preparação dos atores da comunidade escolar para as decisões, é de suma importância, pois de nada adianta uma participação alienada nos processos decisórios, visto que isto fortalece aqueles que têm por objetivo impor seus projetos à maioria.

Preparar significa:

- informar com antecedência os pontos de pauta das reuniões;
- informar sobre os fundamentos das questões e seus desdobramentos, inclusive os impactos no cotidiano da escola;
- tornar transparentes as dinâmicas internas da escola, as notícias, os orçamentos;
- proporcionar formação continuada aos membros da comunidade acerca dos temas educacionais, especialmente aos pais e funcionários da escola;
- proporcionar espaços de diálogo, sem restrições burocráticas que os inviabilizem ou melindrem.

Portanto, a partir das concepções de Tragtenberg (2001) e de Souza (2009), podemos inferir os parâmetros de uma gestão escolar democrática. Para isso, não podemos esquecer que a gestão da coisa pública é sempre uma atividade política e, portanto, vinculada à disputa de poder.

> Quanto mais clara for essa questão para os atores da comunidade escolar, melhor poderão levar adiante um projeto verdadeiramente democrático na escola, superando todas as dificuldades advindas de nossa herança autoritária.

Em seguida, será tratado especificamente o tema da participação, que é um elemento fundamental da democracia.

3.2 Gestão democrática e participação da comunidade

Muito já se tem escrito acerca da gestão democrática da escola (Paro, 1998; Ferreira, 2000; Lima, 2000; Libâneo, 2004; Souza, 2006, 2007) e, além disso, não é nosso objetivo aprofundar essa questão. O que faremos aqui é apresentar, brevemente, uma síntese das discussões mais importantes acerca da gestão democrática, enfatizando a participação da comunidade escolar na escola.

A primeira questão a se levantar é sobre a participação da comunidade na escola, em geral, no contexto sócio-histórico brasileiro, caracterizado por ser uma sociedade baseada no autoritarismo das elites, e na quase ausência das massas nas decisões públicas (Faoro, 2001). De fato, esse movimento de negação da participação popular foi planejado ao longo da história brasileira, seja pela restrição eleitoral às classes baixas ou aos analfabetos, seja reprimindo movimentos sociais, seja negando o direito ao voto, no caso da ditadura militar ou, no âmbito escolar, delegando a nomeação dos dirigentes escolares aos governos do momento, silenciando os pais, alegando a ignorância destes em termos de educação, negando aos estudantes o direito de se organizar em grêmios, esvaziando as instâncias participativas a meras instâncias burocráticas, como o caso das APMs (Associações de Pais e Mestres), lembrando-as constantemente como arrecadadoras de verbas (Paro, 2007). Dessa forma, não podemos tratar da participação da comunidade escolar como um fenômeno alheio à história brasileira, pois é nesse terreno que se encontra, de fato, tanto os espaços de participação, como, sobretudo, as resistências ainda existentes na escola à participação, resistências inclusive advindas dos professores e gestores escolares.

Tendo em vista que a participação não se constrói sem esforço coletivo, afirma Paro (1998, p. 46) que:

a participação democrática não se dá espontaneamente, sendo antes um processo histórico em construção coletiva, coloca-se a necessidade de se preverem mecanismos institucionais que não apenas viabilizem, mas também incentivem práticas participativas dentro da escola pública. Isso parece tanto mais necessário quanto mais considerarmos nossa sociedade, com tradição de autoritarismo, de poder altamente concentrado e de exclusão da divergência nas discussões e decisões.

O trecho citado demonstra o que afirmamos anteriormente, ou seja, que é preciso encarar a participação como um caminho a ser solidificado, e não como algo natural, dado espontaneamente na sociedade brasileira. Ainda nesse sentido, encarar a participação dessa forma amplia a visão discriminatória, que culpabiliza os pais pela ausência nas escolas. Para os membros da comunidade escolar, a presença dessa questão histórica do autoritarismo, que permeou a nossa formação política, pode ser um elemento de compreensão das ações dos gestores escolares que, de uma ou outra maneira, freiam essa participação.

Ainda segundo Paro (1998), é preciso que a escola, por meio de seus membros, seja o elemento proativo no processo de assegurar a participação democrática da comunidade, e não uma "participação outorgada" (Branco, 2006), ou seja, uma participação cujos parâmetros já vêm definidos de cima, pela via do poder público, e, no qual, cabe apenas aos membros da comunidade que façam sua adesão, como é o caso das APMs, como constatou Branco (2006) em sua pesquisa.

Diante de tamanho desafio, é interessante trazer à tona o que Paro (1998, p. 14) chama de sua "utopia de uma escola participativa":

> Ou seja, no sentido de que aceita a necessidade, ou a imprescindibilidade da participação efetiva dos trabalhadores nas decisões que dizem respeito à educação de seus filhos, procura-se identificar as condições de possibilidade de participação e buscam-se os mecanismos necessários à distribuição da autoridade no interior da escola, de modo a adequá-la ao mister de, ao mesmo tempo em que procura

formas democráticas de alcance dos objetivos educacionais a ela inerentes, se constitua em mecanismo de pressão junto ao Estado e à classe detentora do poder, no sentido de serem propiciadas as condições que possibilitem o seu funcionamento e autonomia.

Essa perspectiva adotada por Paro nos remete à vinculação da questão educacional às lutas de classes na sociedade brasileira, terreno no qual a escola ocupa lugar privilegiado, porém não essencial, já que é no terreno econômico que se dá essa luta diretamente.

> A escola é um lócus privilegiado por ser um mecanismo que reproduz as classes sociais, como já foi afirmado no capítulo anterior, mas, ao mesmo tempo, representa, para os trabalhadores, a instituição mais importante e generalizada e que mais tem acesso aos conhecimentos e à cultura, que são instrumentos de humanização e conscientização, mediadores da transformação social que tanto se pleiteia na escola.

Porém, mecanismos historicamente constituídos na sociedade e reproduzidos na escola tenderam a fazer desta uma instituição hierárquica e autoritária, negando acesso e a verdadeira participação dos trabalhadores.

Segundo Paro (1998), esses mecanismos autoritários não são retirados de cena automaticamente, mas sua superação exige a luta por parte daqueles que têm na escola um importante meio para a transformação, ou seja, os trabalhadores. Não se pode esperar que as elites, afirma o autor, concedam de bom grado a democracia na gestão escolar, ou que favoreçam espontaneamente essa participação. Esta deve ser o resultado das ações coletivas dos trabalhadores, entendendo que os funcionários, os professores e os gestores da escola também são trabalhadores e, portanto, dividem essa mesma responsabilidade.

O princípio proposto pelo autor, que, de fato, é um princípio justo, é que a escola pública interessa aos trabalhadores, pois é nela que os filhos são educados e, portanto, é nela que depositam suas esperanças no futuro. Sendo assim, tendo em vista o caráter público da escola, nada mais justo que os pais e outros membros da comunidade escolar, trabalhadores da educação, possam juntos definir os rumos da escola, seu projeto e seu cotidiano. Somente assim, afirma Paro (1998), teremos uma escola verdadeiramente transformadora, pois, ao contrário, esta será sempre a velha "reprodutora", como já salientaram Bourdieu e Passeron (1992).

Para que isso comece a ser feito, é preciso analisar e modificar a distribuição de poder no interior da escola, especialmente porque o modelo atual é centralizador e hierarquizado, cujo ápice do poder se concentra nas mãos da direção da escola. Segundo Paro (1998), o diretor da escola, que detém o poder, na verdade é destituído desse poder na prática, pela própria falta de autonomia da escola, o que o torna um "preposto do Estado", ou pela falta de recursos, que torna quimera quaisquer malabarismos discursivos em torno de uma administração moderna da escola. Não precisamos ir longe para compreendermos o raciocínio do autor: a falta de autonomia da escola representa, para os trabalhadores, a impossibilidade de se apropriar do que é próprio da escola, os conhecimentos.

> A solução encontrada pelo autor para enfrentar as atuais condições adversas da democracia na escola é fazer com que o coletivo da comunidade escolar pressione os escalões superiores, e não apenas o diretor, como usualmente ocorre (Paro, 1998), o que garante mais força às reivindicações dos trabalhadores.

Em outro texto, em que Paro (2007) retoma esse tema da participação da comunidade e sua integração na escola, destaca duas dimensões que aparecem nos estudos sobre gestão democrática:

> a primeira, mais lembrada nos estudos sobre democratização da gestão da escola, diz respeito à participação dos representantes da comunidade nos mecanismos de participação coletiva na escola; a segunda, menos enfatizada nesses mesmos estudos, refere-se à participação direta, presencial, dos pais ou responsáveis e demais usuários efetivos ou potenciais na vida da própria escola.

> Efetivamente, a participação da comunidade na escola só pode ser considerada democrática a partir do momento em que são dadas as condições materiais para que isso ocorra com qualidade.

É a isso que o autor se refere ao tratar da participação presencial dos pais ou responsáveis. É sabido que estes não podem dispor do tempo que a participação na vida educativa dos seus filhos exige, devido aos imperativos do trabalho e outros compromissos. O autor chega a propor que as empresas dispensem os pais, sem prejuízos salariais, para esses momentos, algo que extrapola os limites de ação e de decisão da escola.

> Mesmo diante dessa situação, que é real, a escola pode proporcionar tempos específicos para as reuniões e a formação dos pais, momentos de aprendizagem e debate acerca da educação dos seus filhos.

Esses mecanismos podem fortalecer o diálogo entre pais e escola, no sentido de que esta última possa ouvir, democraticamente, os anseios e demandas daqueles. Para que isso ocorra, a escola deve conceder os espaços adequados e os instrumentos necessários para o trabalho dos pais, além de agendar horários convenientes para a participação deles. Não se pode imaginar uma participação democrática se, numa escola de trabalhadores, as reuniões forem, sempre, agendadas para o meio da manhã ou da tarde.

Há de se levar em conta, como lembra Paro (2007), que há um abismo entre aqueles pais que não possuem escolarização e os professores e a direção escolar. Essa situação pode gerar até mesmo um constrangimento, se não for bem mediada pela equipe escolar, que, como atitude de bom senso, deve compreender esses pais e acolhê-los de forma a respeitar essa situação, inserindo-os o quanto mais profundamente possível nos processos escolares pertinentes à participação.

Com relação à participação presencial, o mesmo autor destaca algumas medidas possíveis de serem tomadas, desde que haja, por parte dos pais e dos profissionais da escola, o entendimento da importância e valorização da participação, especialmente visando à continuidade entre educação escolar e familiar. Paro (2007) sugere a formação de grupos dos pais com a coordenação de educadores da escola, para discutirem a educação oferecida nela. Outra sugestão é a ação do professorado no sentido de valorizar a comunidade, empreendendo projetos de intervenção no cotidiano da comunidade, o que faria com que entrassem em contato com as necessidades advindas da prática social, além de criar uma empatia com os sujeitos desta realidade. Outro recurso possível, e mais presente, é o uso do espaço da escola nos horários alternativos às aulas, como fins de semana e feriados, para atividades recreativas, esportivas ou culturais. Essas e outras medidas favoreceriam a construção de uma visão positiva da comunidade a respeito da escola e, além disso, a participação se daria em outros momentos que não aqueles em que os pais são chamados a ouvirem reclamações a respeito de seus filhos.

Como forma de síntese, Paro (2007) propõe que a participação seja entabulada num processo de formação para a democracia, considerando essa formação como parâmetro da qualidade.

> Formar para a democracia é formar o indivíduo para a vivência da coisa pública, vivência esta que se concretiza entre sujeitos livres e com potencial para desenvolver suas possibilidades humanas.

Formar para a democracia é muito diferente da formação do cidadão consumidor, egoísta, mas uma pessoa republicana, no sentido de que se pauta pela *res publica*, pela coisa pública, como dimensão ética da busca do bem comum. A participação ativa dos membros da comunidade escolar e a possibilidade viabilizada pela escola para que isso ocorra é condição essencial para uma educação democrática.

Paro (2009) lembra muito bem a célebre proposição do filósofo italiano Antonio Gramsci, que, ao criticar a formação unilateral proporcionada pelo projeto de educação profissional, propõe que:

> a tendência democrática, intrinsecamente, não pode consistir apenas em que um operário manual se torne qualificado, mas em que cada "cidadão" possa se tornar "governante" e que a sociedade o coloque, ainda que "abstratamente", nas condições gerais de poder fazê-lo. (Gramsci, citado por Paro, 2009, p. 26)

Nessa proposição gramsciana encontra-se o fulcro de uma proposta de educação que visa à emancipação, como mediadora de um processo de transformação social. Se extrapolarmos o "cidadão" para a comunidade escolar, poderemos apreender o sentido ético-político da necessidade do processo de participação.

> O que significa *ser governante*? Embora não exista uma única interpretação acerca desse conceito em Gramsci, podemos inferir que essa condição de governante demanda dos indivíduos uma densa bagagem de cultura geral, de postura pessoal, de articulação política, de conhecimentos específicos a respeito da sociedade em que vivem, inclusive das leis, uma linguagem, uma capacidade de ler e escrever que demonstre o domínio da língua nacional, entre outros.

O que queremos dizer é que o governante se forma com base numa bagagem cultural e ético-política; portanto, para tal formação, a sociedade, por meio da escola, deveria proporcionar, a partir do que lhe é próprio, conhecimentos e uma formação democrática necessários.

> Colocar cada estudante e cada membro da comunidade escolar em condições de "governar" significa alçar cada um deles a uma posição que propicie o acesso à crítica do processo educacional, à crítica aos processos hierárquicos da escola, à crítica do autoritarismo, à crítica do sistema público de educação, quando este não se adapta a esse objetivo democrático de formação de "governantes".

Significa, enfim, construir relações verdadeiramente democráticas, não baseadas na ignorância da maioria, como o faz a democracia formal, mas pautada na participação consciente dos atores envolvidos no processo. Se não for assim, e é o que ocorre usualmente, estaremos formando apenas "governados", e isso replica o autoritarismo e a inadequação da escola às demandas sociais de transformação. A escola, sem isso, é mera reprodutora, e a sua relação com a comunidade fica cindida em termos de uma efetiva democratização. O desafio colocado à escola permanece o mesmo: como proporcionar essas condições? Alguns caminhos foram apontados, mas muito ainda se tem por fazer.

3.3 Relação entre escola e comunidade com base na experiência de ocupação da escola e da Escola Itinerante do Movimento dos Trabalhadores Rurais Sem Terra (MST)

Por que trouxemos para este livro a discussão sobre a Educação do Campo como contribuição para realizarmos as análises da relação entre escola e comunidade?

Observamos que nas últimas décadas, a Educação do Campo transformou-se em uma situação de emergência no âmbito da política pública federal e das políticas públicas de vários estados brasileiros. Isso ocorreu e ocorre, sobretudo, como resultado da correlação de forças na sociedade. Nesta há movimentos sociais que lutam e conclamam, junto aos governos, pela necessidade de investimentos na Educação do Campo. Dessa maneira foram alcançando vitórias parciais e consolidando, aos poucos, uma rede de escolas do campo consistentes e com acúmulo teórico-prático que as vêm transformando em espaços de estudos acadêmicos.

> A prática das escolas do campo construídas pelo Movimento dos Trabalhadores Rurais Sem Terra (MST) elenca como essencial a participação da comunidade na escola, de modo um tanto diferenciado e mais denso que na experiência das escolas oficiais urbanas.

Para a "pedagogia do movimento", tal como propõe Caldart (2000, p. 145-146), a ocupação da escola possui três significados:

1 – as famílias sem-terra mobilizam-se pelo direito à escola, e pela possibilidade de uma escola que tenha realmente sentido em suas vidas presente e futura;

2 – o MST toma para si "a tarefa de organizar e articular por dentro de sua organicidade esta mobilização, de produzir uma proposta específica para as escolas conquistadas, e de formar educadores e educadoras capazes de trabalhar nesta perspectiva";

3 – o MST incorporou a escola em sua dinâmica: acampamento e assentamento do MST têm que ter escola; e a escola passou a ser vista "como parte da estratégia de luta pela Reforma Agrária, vinculada às preocupações gerais do Movimento com a formação de seus sujeitos".

O primeiro e o terceiro itens nos falam da inversão, em relação ao processo comumente observado, que ocorre no caso da construção da escola do campo do MST: ela não é imposta de cima para baixo, mas é resultado das lutas dos militantes do movimento. Esse fato faz toda a diferença na relação entre comunidade e escola, pois a implantação da escola não vem como dádiva governamental e, muitas vezes, não conta com apoio oficial direto para a sua manutenção, ficando a mercê das iniciativas dos próprios militantes do movimento.

> A escola, de fato, faz parte da comunidade, pois foi a comunidade que a construiu; logo, a participação nos seus destinos, no seu cotidiano, é algo natural, já que se trata de perpetuar uma escola que é fruto das lutas.

O MST tem na educação um dos seus pilares na luta pela reforma agrária, e as suas bases contam com a presença de centenas de intelectuais militantes, advindos da academia ou formados em suas próprias bases. Organicamente ao movimento em geral, há a construção de um projeto educativo que pauta as ações do MST. Com isso, as escolas são administradas e pedagogicamente vinculadas aos seus parâmetros de luta, o que, mais uma vez, confere a elas um caráter de proximidade com as pessoas do movimento, que são conscientes dos princípios da escola que educa seu filho e cujos princípios são os mesmos que orientam pais e comunidade em sua luta pela terra. O projeto não é da escola, mas do movimento, e há nele um trabalho de formação constante das bases para que se apropriem desse projeto.

A essas características a autora denomina de *ocupação da escola*. O caráter dessa ocupação, conforme Martins (2004), é de luta de classes, já que a ocupação da terra e da escola, objetivo do MST, não se descola da constatação de que sofremos historicamente um processo de exclusão, de grande parte da população, da possibilidade de frequentar uma escola de qualidade, ou de ter a posse de um pedaço de terra. O conteúdo ético-político é a busca pela emancipação humana, tendo em vista que, para isso, é necessária a superação das condições sociais de alienação.

Outra discussão interessante sobre o projeto educativo do MST é que as escolas devem se pautar, como ponto de partida, na realidade dos alunos, na experiência de luta pela terra, na valorização dos conhecimentos advindos dos agricultores e do processo de lutas, cuja dimensão pedagógica é tão importante quanto irrefutável, ou seja, aprende-se, e muito, nas lutas pela terra*.

O princípio geral da ocupação da escola, segundo assevera Martins, é o caráter público da escola pública, algo que, apesar de aparentemente óbvio, concretamente não ocorre de fato, senão pela ação motivada pela democratização, mas que enfrenta fortes barreiras em nossa sociedade, caracterizada pelo patrimonialismo** e autoritarismo das elites. Sendo assim:

> Com o ato de garantir escola para seus filhos, os Sem Terra resgatam um direito (constitucional) de acesso à educação, e, por via da participação na gestão da mesma, por meio da incorporação ao cotidiano escolar da *Pedagogia do MST*, garantem a *ocupação da escola*. (Martins, 2004, p. 76, grifo do original)

Ocupar a escola, segundo o autor, significa buscar um direito que está garantido no interior da Constituição Federal, ou seja, é lutar por uma real parceria da população na gestão do público estatal. A luta por dentro do Estado é necessária, segundo Martins, pois é ele uma arena mantenedora e regulatória, que proporciona a participação para a população, como o autor exemplifica na ação do MST e outros movimentos sociais. No caso da escola, ocupá-la é o mesmo que gerir seu projeto a partir do próprio povo organizado ou, por outra forma, autogerir autonomamente a escola.

----

* Não há como negar a proximidade da pedagogia do MST aos princípios da pedagogia de Paulo Freire.

** Patrimonialismo pode ser entendido, em poucas palavras, como o domínio privado da coisa pública, ou seja, o recuo da fronteira entre ambos, a falta de racionalidade na condução do público, que, então, passa a servir a interesses privados. O tema do patrimonialismo ganhou fortuna na obra de Faoro (2001) e, sem dúvida, tem bastante interesse atualmente.

Essa autogestão proposta por Martins pode levar à tensão entre o projeto educativo oficial e o projeto do MST, e cabe à escola, no processo de ocupação, bancar essa tensão e levar adiante o projeto comunitário de escola, com a participação efetiva dos atores envolvidos na luta pela terra. Tal participação não se resume às atividades-fim da escola, como tradicionalmente ocorre quando os pais somente são chamados para as reuniões dos filhos, mas, sim, à participação em todo o processo de construção do projeto da escola, garantindo uma identidade entre comunidade e escola. Martins alerta ainda que a participação democrática é também um meio amplamente pedagógico e educativo a ser explorado. Nas suas palavras:

> A aquisição coletiva de direitos como a educação, a escola para os seus filhos, a tomada de posicionamento concreto frente às decisões da vida escolar são elementos que proporcionam a construção da educação emancipatória não somente aos educandos, mas a toda comunidade escolar. Esse processo de participação comunitária pressupõe uma organização coletiva, e uma divisão do trabalho consistente no ponto de vista da distribuição de tarefas. (Martins, 2004, p. 79)

No contato com as escolas do campo e com os integrantes do movimento, fica patente o potencial educativo da ação coletiva proposta pelo MST*. Tal potencial fica prejudicado em seu desenvolvimento quando a situação da administração escolar é autoritária e não promove a participação da comunidade. A disciplina que é exigida de cada membro na divisão de tarefas referentes à escola, a responsabilização por tarefas de caráter diverso e a sua valorização pelo grupo, e o reconhecimento de que o trabalho realizado na escola da comunidade é em prol do desenvolvimento de todos, e

---

* O autor relata, sem aprofundar, experiências pessoais com integrantes do MST e com a Educação do Campo. Essas experiências se deram por integrar o corpo docente do curso de Licenciatura em Educação do Campo, da Universidade Estadual do Centro-Oeste, e por ser coordenador de um projeto de formação continuada com professores de assentamentos, no município de Rio Bonito do Iguaçu-PR, apoiado pela Secretaria Estadual de Ciência, Tecnologia e Ensino Superior do Estado do Paraná, além de fazer parte de um grupo de pesquisas sobre Educação do Campo, na mesma universidade.

não um mero mecanismo de arrecadar dinheiro para a escola, como comumente ocorre nos processos tradicionais de participação, faz com que haja a vontade e a identidade na participação.
O público se torna também popular nesse projeto educativo, ou seja, de fato há a ocupação da escola pelo povo e não mera formalidade, como a participação outorgada.

Cleverson Bestel

Martins aponta também que a identificação da comunidade com a escola, por meio de símbolos pintados nas suas paredes ou outros mecanismos, como é comum nas escolas do campo do movimento, pode ser uma saída para o fim da depredação constante que sofrem os prédios das escolas públicas. O ato de depredar o prédio público, no mínimo, indica uma falta de identidade entre o praticante da depredação e o prédio da escola e sua função social. Tal identificação, pelo menos, existe entre os militantes, os educandos e a escola, no caso aqui tratado.

Enfim, o último ponto que gostaríamos de apontar, no que se refere à ocupação da escola, é que esta é uma atividade-meio que tem relação estreita com a atividade-fim da escola, ou seja, a relação ensino-aprendizado numa concepção emancipatória. As atividades didáticas dessas escolas do campo são levadas a efeito conforme o projeto de ocupação. De nada adiantaria uma escola propor-se formalmente popular, democrática, se na sala de aula os professores reproduzissem os métodos tradicionais de ensino, não somente no que estes têm de prática pedagógica, mas de concepção de homem e de mundo, de professor e sua relação com o aluno. Portanto, uma das pontas do projeto de ocupação é uma relação democrática na sala de aula. Tais princípios são denominados por Martins de *pedagogia do coletivo*. Nas suas palavras:

> O princípio da pedagogia do coletivo está intrinsecamente ligado a uma gestão democrática da escola, pois os fundamentos do trabalho conjunto, participação efetiva de todos em todo o processo educacional, horizontalização das relações de poder estão presentes em ambos. (Martins, 2004, p. 84)

Estão dados nessas premissas, ou seja, no trabalho conjunto, na participação efetiva e na horizontalização das relações de poder, os pilares da pedagogia do coletivo, que se aproxima, então, da gestão democrática da escola. Todas as três características devem encontrar-se conjuntamente para que se possa dizer de uma coletividade compondo a comunidade escolar. Dessa forma, trabalhar em conjunto somente tem sentido se esse trabalho superar a divisão comum no trabalho alienado capitalista, ou seja, que o trabalho dos pais, dos funcionários e dos alunos esteja a serviço da coletividade, e não a serviço do diretor da escola, e que a motivação para o trabalho seja a apropriação coletiva dos seus resultados, e não que a comunidade trabalhe "para o diretor" ou para um pequeno grupo da escola.

> A efetividade da participação é alcançada quando, nas atividades realizadas na escola, todos participam conscientemente de todo o processo, desde a concepção até a realização e apropriação dos resultados.

Esse trabalho coletivo e consciente somente se dá em meio a relações horizontais de poder, sem que haja um "patrão" a mandar e desmandar nos membros da comunidade escolar, no modo como as coisas devem acontecer, ou delimitando os papéis que cada um deve cumprir e o modo como deve fazê-los, de forma autoritária.

O fato, constatado por Martins e empiricamente observado nas escolas em geral, é a dificuldade em levar adiante um projeto efetivamente coletivo. O mais comum é que as instâncias de participação ou se burocratizem, como ocorre constantemente com as APMs, ou que os atores escolares tomem para si a condução do projeto da escola, sem a participação efetiva da comunidade.

> O MST encontrou como solução para esse obstáculo à participação coletiva a construção do coletivo de educação, que é um grupo constituído por profissionais da educação e membros da comunidade em geral que se responsabilizam pela discussão do projeto escolar. A presença no coletivo é uma instância cuja responsabilidade é cobrada pela comunidade e, portanto, uma fonte de identidade e aproximação entre escola e comunidade.

A ocupação da escola, na prática, ocorre por meio das chamadas *escolas itinerantes do MST*, assim designadas por se localizarem nos acampamentos do movimento. A sua oficialização ocorreu, primeiramente, no Estado do Rio Grande do Sul, em 1996. A partir daí, outros estados passaram a reconhecer esse tipo de escola, como no caso do Paraná, em 2003. A especificidade da escola itinerante se relaciona ao fato de que, pela provisoriedade da situação dos acampados, as crianças estão constantemente em mudança e isso impossibilita a matrícula delas nas escolas formais do Estado. Dessa forma, as escolas itinerantes atendem a essa situação típica dos que estão na luta pela terra, seja lá onde a luta ocorra.

> Há uma grande diferença entre acampamento e assentamento. Na primeira situação, da qual emergem as escolas itinerantes, os militantes estão em situação provisória, aguardando uma solução para os pleitos por terra. Cada acampamento, a depender do contexto, se organiza de forma diferenciada, mas sempre com os mesmos princípios de participação coletiva. Nas Marchas, que são os momentos em que os militantes do MST vão às ruas e estradas, como forma mais efetiva de lutar, ou quando acampam, de forma ostensiva, em frente a uma propriedade que irão ocupar, as escolas itinerantes são parte desse movimento, pois ele avalia como importante o processo educativo formal, além do aprendizado advindo da vivência das lutas. Intinerante no nome da escola advém do fato de que ela está em movimento, inclusive fisicamente, acompanhando as lutas. Nos assentamentos, a situação já é mais estável, pois neles os militantes já possuem a propriedade da terra. As escolas de assentamentos são institucionalizadas pelo Estado e seu regime burocrático é o mesmo que em outras escolas. Algumas escolas de assentamentos são "escolas-base" das itinerantes, ou seja, servem como matriz onde se localizam os documentos escolares das crianças dos acampamentos e onde se dão as suas matrículas no sistema educacional oficial.

Tais escolas podem funcionar em ambientes abertos, como embaixo de árvores, em estruturas de lona, ou a depender do contexto do acampamento. No entanto, apesar da diversidade, o que é comum é sua precariedade material em relação às outras escolas. Tal situação é revertida e com resultados surpreendentes, segundo relatos orais obtidos com profissionais e militantes, com a participação efetiva da comunidade na escola. Tal como já foi afirmado anteriormente, a escola itinerante é fruto da vontade e luta dos acampados e da necessidade que sentem em não deixar suas crianças sem um processo educativo formal. Existindo nisso um elemento identificatório importante.

Cleverson Bestel

A escola dos acampamentos ocupa espaço de destaque no cotidiano:

> Essa posição de destaque dada à escola itinerante é porque ela serve de referência, sua presença ajuda a minimizar a dureza do cotidiano de luta. Portanto cabe dizer que a escola itinerante não é só um espaço de conquista, ela se transforma num espaço de contemplação,

de confraternização, pois é motivo de orgulho e admiração para as famílias que esforçaram para construí-la, é a escola dos sem-terra. É um espaço produzido para ser partilhado. (Takau Júnior, 2009, p. 17)

Com base nesse relato, apreendemos que há um simbolismo que permeia a escola e sua presença no acampamento do MST.

> A presença de uma escola no acampamento, que é um lócus onde se trava a luta pela terra, é considerada por todos um motivo de orgulho e assim também é considerada pelas pessoas de fora do movimento, pois as escolas itinerantes são constantemente visitadas e suas experiências compartilhadas com interessados em aprender uma nova forma de organizar a escola.

No que concerne à comunidade, o relato de Takau Júnior (2009) nos remete à construção de uma identificação entre os membros da comunidade do acampamento, ou seja, os militantes do MST e a escola. De fato, sem esses militantes a escola não poderia funcionar, pois são estes, organizados em "coletivos", organizados pelo "Setor de Educação" do acampamento, que dão conta de gerirem as necessidades cotidianas dessa escola itinerante, como a questão da limpeza e da alimentação, entre outras.

Uma última característica* que aqui será tratada é a questão da distância física entre a escola do acampamento e os educandos. No acampamento, a escola ocupa lugar privilegiado, próximo aos locais onde ficam as barracas dos acampados, evitando, com isso, a falta de alunos em situações adversas, como em tempos de chuva, que é um grande problema enfrentado por escolas de assentamentos ou outras escolas localizadas no interior dos municípios. Essa proximidade indica a vivência da realidade do acampamento pela escola;

---

* Para outras questões, ver Bezerra Neto (1999), MST (1998) e outros.

seus professores, em geral, vivem nos acampamentos; as aulas são levadas a efeito tendo essa realidade como ponto de partida. Pelo fato de estar próxima, a escola itinerante proporciona mais uma efetiva participação dos pais dos educandos, que, inclusive, arguem com frequência os conteúdos e métodos trabalhados na escola (Takau Júnior, 2009, p. 20).

Síntese

Focamos neste terceiro capítulo a discussão a respeito de gestão democrática, tomando esse tema por três ângulos diferentes, sem, claro, querermos esgotar um tema de tamanha envergadura: a primeira discussão foi a respeito da relação entre gestão e poder, de um ponto de vista sociológico e antropológico, resgatando teóricos como Maurício Tragtemberg; a segunda discussão se referiu à relação entre gestão democrática e participação da comunidade; a terceira tratou das experiências do Movimento dos Trabalhadores Rurais Sem Terra (MST), que possui, nas escolas organizadas pelo movimento, ampla experiência na gestão democrática, especialmente nas escolas itinerantes, que são escolas localizadas nos acampamentos do MST em várias partes do país.

> A gestão democrática, sem dúvida, é uma das bases para a relação entre escola e comunidade, pois a escola somente pode se abrir de fato para a participação se tiver como princípio a democratização do acesso à escola. Dessa forma, a gestão democrática é o meio pelo qual, atualmente, a comunidade é recebida na escola e, com base nos mecanismos democráticos, reiteram-se os espaços para essa participação.

A gestão escolar, tal como foi tratada na primeira parte, é uma atividade eminentemente política e, como tal, envolve poder. Segundo a concepção de Max Weber, ter poder é a capacidade que um grupo tem de fazer prevalecer suas ideias frente aos demais grupos. Numa concepção mais humanista, a política é a capacidade humana de agir em conjunto para construir uma vontade comum. Na escola, ambas as concepções convivem e delimitam o fazer da gestão escolar, levando-a para um rumo autoritário ou democrático ao mesmo tempo em que, a partir do conhecimento dessas concepções, podemos avaliar o caráter da gestão de determinada escola.

A participação da população em geral, e na escola em particular, foi tratada neste capítulo segundo uma perspectiva histórica, a qual demonstra que o país nunca estimulou a democracia em suas instituições. Dessa forma, não podemos ignorar a raiz eminentemente patrimonialista na análise e na avaliação da participação da comunidade escolar na gestão democrática da escola. Victor Paro, autor no qual buscamos referenciar as discussões, assinala essa questão afirmando que a participação não acontecerá espontaneamente, mas deve ser estimulada pela escola ou por uma política institucional, a qual interfira nessas relações e abra espaços para a participação. O mesmo autor declara que, no caso da escola pública, esta interessa aos trabalhadores, e, dado o seu caráter público, nada mais justo que a população possa participar da escola, que é um elemento essencial para o futuro dos seus filhos.

> No caminho da democratização da escola, o MST demonstra em sua trajetória de luta pela terra ampla experiência educacional, calcada na construção de alternativas à escola para os militantes e seus filhos que estão em movimento na luta pela reforma agrária.

Trata-se, segundo Fernando José Martins (2004), de "ocupar" a escola. Nas escolas itinerantes, que são levantadas nos acampamentos do MST, a comunidade tem forte identidade, pois a sua própria existência é devida à luta dela, a qual tem como princípio que a luta pela terra necessita de educação, e que a luta pela educação é básica para a democratização da sociedade. Nos acampamentos, cujo cotidiano é marcado pela tensão, já que é frente de luta e palco de violências, as escolas são verdadeiros marcos de sociabilidade e de orgulho para a comunidade. Nessas escolas, a comunidade não somente participa, mas é por ela que a escola existe, pois é a comunidade dos militantes, por meio de mecanismos organizativos, que mantém a escola.

Indicações culturais

Filme

ENTRE os muros da escola. Direção: Laurent Cantet. França: Sony Pictures Classics/Imovision, 2007. 128 min.

Embora não seja diretamente relacionado à gestão democrática, esse filme impressiona pelo seu realismo ao tratar das relações entre professor e alunos em um cotidiano escolar permeado pela violência, pobreza e diversidade cultural marcante na França. O personagem principal é o professor François, que não é o herói como o que encontramos no filme clássico Ao mestre com carinho, *mas um professor como outro qualquer, com seus desejos, qualidades e limites, os quais aparecem nas dificuldades em lidar com o "mau comportamento" da classe. Esse filme pode ser explorado para as discussões acerca do disciplinamento e da democracia na sala de aula e os desafios impostos a essa prática pela realidade cruel de que se originam os alunos das nossas escolas.*

Livro

SALGADO, S. Terra. São Paulo: Companhia das Letras, 1997.

Obra-prima da fotografia internacional, esse livro de Sebastião Salgado, consagrado fotógrafo brasileiro, traz fotos relacionadas à luta pela terra, retratadas num longo período, entre 1980 e 1996. Algumas dessas fotografias se tornaram clássicas, como aquela em que Salgado entra na frente de uma marcha de 12 mil militantes do MST, na ocupação da fazenda Giacometi, no município de Rio Bonito do Iguaçu, no Estado do Paraná, tirada no inverno rigoroso de 1996. O livro conta com um prefácio de José Saramago e uma música de Chico Buarque (o livro é acompanhado de CD de áudio). As fotografias podem ser utilizadas em sala de aula como recurso didático para discussões diversas em torno da questão da terra. O livro é, acima de tudo, um tributo à humanidade, que tem na terra seu elemento vital mais importante.

Sites

VOZES sem-terra. Disponível em: <http://www.landless-voices.org>. Acesso em: 30 nov. 2010.

Esse site, *o qual é da Escola de Línguas Modernas da Universidade de Nottingham, na Ingalterra, traz áudios e imagens sobre os sem-terra do Brasil, em inglês e português.*

PARANÁ. Secretaria de Estado da Educação. Portal Educacional do Estado do Paraná. Dia-a-Dia Educação. Disponível em: <http://www.diaadia.pr.gov.br>. Acesso em: 30 nov. 2010.

Esse site *oficial merece destaque pelo fato de que é, sem dúvida, um dos mais completos dentre as Secretarias de Educação brasileiras. Entre outros conteúdos, o* site *contribui com as discussões sobre gestão democrática, com vídeos a esse respeito, textos e outros recursos. Na TV Multimídia (http://www.diaadia. pr.gov.br/pendrive) encontram-se vídeos sobre gestão democrática e autonomia (http://www.diaadia.pr.gov.br/pendrive/modules/debaser/singlefile. php?id=16571). O* site *também oferece um acesso ao* link *da TV Paulo Freire, que tem programação ao vivo e arquivos que tratam dos mais variados temas educacionais (http://www.diaadia.pr.gov.br/tvpaulofreire).*

APRENDIZ. Disponível em: <http://www.aprendiz.uol.com.br>. Acesso em: 30 nov. 2010.

Esse site, *de responsabilidade da ONG Cidade Escola Aprendiz, é de extrema utilidade para todos os que se interessam por temas relativos à educação, à cidadania e ao trabalho. No tocante à educação, o* site *é um porta-voz importante da democratização da gestão escolar e da participação cidadã na escola. Seus conteúdos podem ser motivadores para o trabalho em sala de aula. Para os professores, traz inúmeras publicações que ajudam na formação continuada.*

Atividades de autoavaliação

1. Indique se as afirmações a seguir são verdadeiras (V) ou falsas (F):

   ( ) A atividade política pressupõe a luta pelo poder, mas, na escola, essas questões não entram, já que nela se trata de educar as novas gerações.

   ( ) O cotidiano escolar, segundo a perspectiva de Tragtemberg, leva ao disciplinamento.

   ( ) A única forma de gestão da escola é a que leva em conta a vontade da maioria.

   ( ) Disciplina e saber se relacionam ao poder na escola.

   Assinale a alternativa que corresponde corretamente à sequência obtida:

   a) F, V, V, F.
   b) V, F, F, V.
   c) F, F, V, V.
   d) F, V, F, V.

2. Assinale a alternativa correta:

   a) A gestão democrática na escola pressupõe a participação igualitária entre direção e funcionários para a definição dos rumos da escola.

   b) Na gestão democrática da escola, a comunidade escolar tem espaço para opinar, gerir e participar do cotidiano.

   c) A gestão democrática é uma forma autoritária de tratar as questões pedagógicas, já que os pais podem participar e opinar sobre a forma de trabalho dos professores.

d) A gestão democrática da comunidade é uma forma de abrir a escola para o senso comum da população, que leva à perda do caráter pedagógico dessa instituição.

3. Assinale verdadeiro (V) ou falso (F) para as seguintes afirmações:

( ) Segundo a tradição cultural e política brasileira, marcada pelo patrimonialismo, é claramente compreensiva a grande participação da comunidade na escola.

( ) A espontaneidade na participação da comunidade favorece os gestores escolares.

( ) A participação da comunidade pode ser proporcionada formalmente, sem que ela ocorra de fato, devido à falta de estrutura física para a participação presencial dos pais e de outros membros na escola.

( ) A participação da comunidade, geralmente, é formalizada por mecanismos legais, que nem sempre são, de fato, propulsores da participação democrática.

Assinale a alternativa que corresponde corretamente à sequência obtida:

a) V, F, V, V.
b) V, F, F, V.
c) F, F, V, V.
d) V, V, F, V.

4. Assinale a alternativa correta:

a) A ocupação da escola se relaciona com os princípios autoritários dos movimentos sociais.

b) As escolas itinerantes, dos assentamentos do MST, funcionam conforme os ditames impostos pelo MEC.

c) As escolas itinerantes são escolas de acampamentos que são erguidas pelos militantes e mantidas pela organização do MST.

d) O MST, segundo Martins (2004), defende uma "pedagogia do coletivo", avessa à gestão democrática.

5. Sobre gestão democrática e participação da comunidade, assinale com (V) as alternativas verdadeiras e com (F) as alternativas falsas:

( ) A gestão democrática da escola depende de relações democráticas na sala de aula.

( ) A participação da comunidade significa o esclarecimento dos membros da comunidade, para que sua participação seja efetiva.

( ) O MST, nas escolas itinerantes, retoma os princípios democráticos e públicos da escola.

( ) O que dá o tom da gestão democrática são os projetos antagônicos daqueles atores que querem tomar o poder e com ele se manter na escola.

Assinale a alternativa que corresponde corretamente à sequência obtida:

a) V, F, F, V.
b) F, V, F, V.
c) V, F, V, F.
d) V, V, V, F.

Atividades de aprendizagem

Questões para reflexão

1. A partir das questões apresentadas neste capítulo, levante o máximo de elementos necessários para que uma gestão possa ser chamada de *democrática*.

2. Gestão democrática e participação da comunidade são temas que retomam um tema clássico: a democracia. Pesquise em outros autores, ou em outras obras dos autores aqui estudados, e produza um pequeno texto, de aproximadamente três páginas, a respeito de democracia.

Atividades aplicadas: prática

Realize uma entrevista com um(a) diretor(a) de escola acerca do cotidiano da gestão escolar e, sobretudo, da gestão democrática.

4

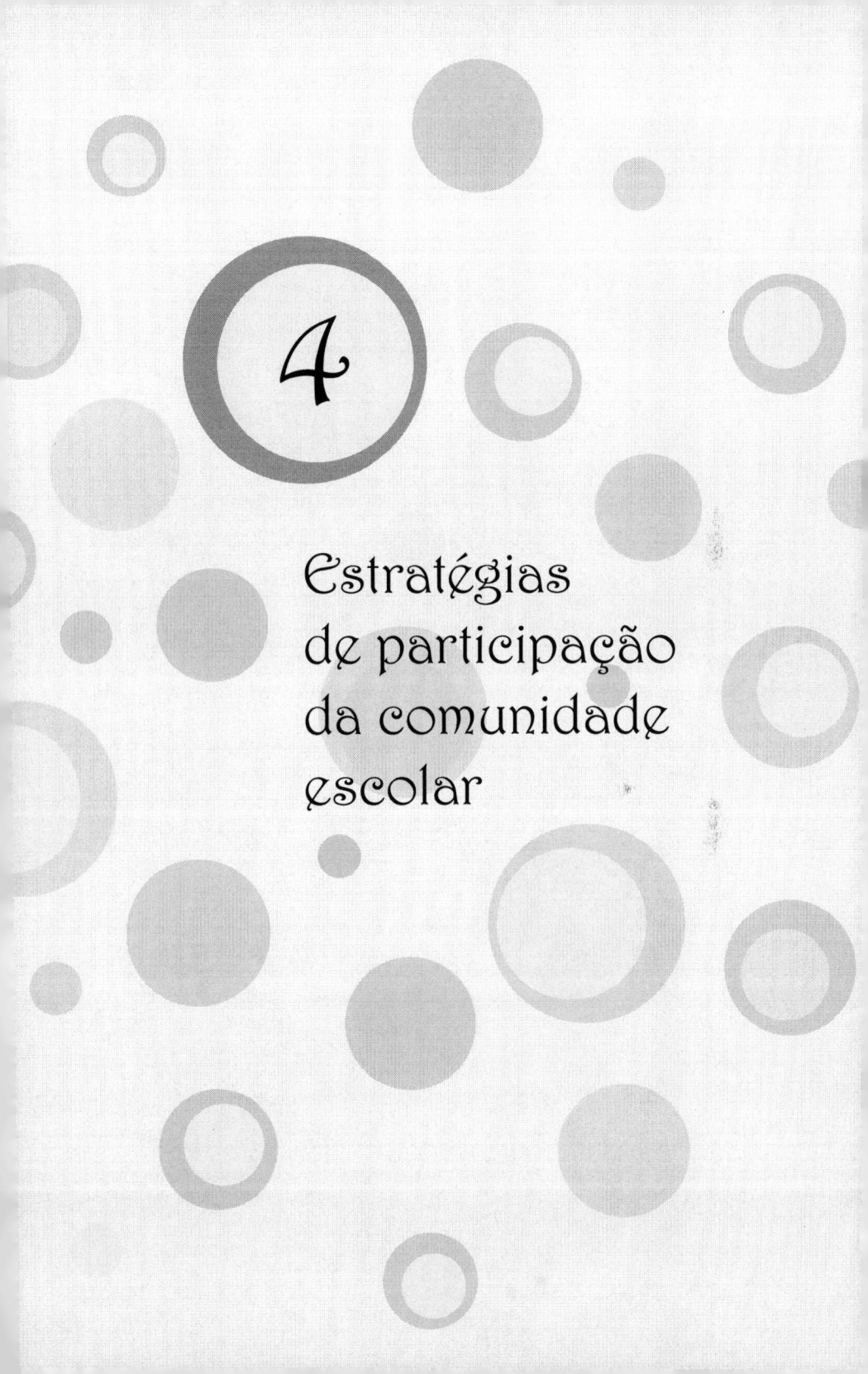

Estratégias de participação da comunidade escolar

ste último capítulo do livro será dedicado especialmente às formas possíveis de participação da comunidade na escola. Com isso, fechamos o circuito até aqui percorrido, que teve como origem as discussões teóricas acerca da comunidade, da gestão democrática e do poder e da participação da comunidade. A leitura deste capítulo poderá subsidiar a ação da gestão no sentido de abrir oportunidades verdadeiras de participação na escola para a comunidade. Não se trata, no entanto, de dar receitas de como fazer essa relação entre escola e comunidade ser efetivamente coerente, mas, sim, de apontar caminhos possíveis.

> A grande questão a se discutir, em cada caso concreto, é a vontade política, ou as resistências encontradas, para que esse tipo de participação efetivamente ocorra.

Segundo Paro (2007), são três as formas de participação da comunidade escolar:

as relacionadas aos mecanismos coletivos de participação (conselho de escola, associação de pais e mestres, grêmio estudantil, conselho de classe); as relativas à escolha democrática dos dirigentes escolares; e as que dizem respeito a iniciativas que estimulem e facilitem, por outras vias, o maior envolvimento de alunos, professores e pais nas atividades escolares.

Com base nessa síntese fornecida por esse que, sem dúvida, é um autor referencial nas discussões acerca do tema da gestão escolar, construiremos este capítulo da seguinte forma: no primeiro tópico será abordada, de forma sintética, uma caracterização da comunidade escolar; no segundo tópico traremos, brevemente, uma discussão acerca da participação da comunidade a partir da Lei de Diretrizes e Bases da Educação Nacional (LDBEN); no terceiro capítulo serão enumeradas e caracterizadas as formas de participação mais tradicionais, ou seja, o conselho escolar, a Associação de Pais e Mestres e o grêmio estudantil; no quarto tópico serão analisadas algumas questões relativas à participação do voluntariado na escola, visando à crítica e às possibilidades dessa forma de atuação da comunidade escolar; e no quinto capítulo será analisada a participação do empresariado na escola pública, por uma perspectiva crítica, com base na análise da produtividade da escola.

4.1 Breve caracterização da comunidade escolar

Neste momento em que rumamos para o final do livro, faz-se importante sintetizar a compreensão que construímos acerca da caracterização da comunidade escolar respondendo às seguintes perguntas:

- *Quem compõe a comunidade escolar? Qual o papel de cada membro? Como se relacionam?*

Essas perguntas serão respondidas a seguir.

Os membros natos da comunidade escolar podem ser divididos entre aqueles internos à escola, ou seja, cujo papel predominante ocorre no interior das relações pedagógicas, funcionais ou da gestão da escola, e aqueles cujos papéis sociais se encontram predominantemente fora da escola. No primeiro grupo encontram-se diretores, coordenadores, professores, funcionários administrativos e operacionais e estudantes. No segundo grupo, encontram-se os pais e outros membros da comunidade, organizados em associações, nas empresas e no comércio local, em organizações não governamentais (ONGs) da comunidade, entre outras possibilidades. Esses membros participam, direta e indiretamente, no cotidiano ou em ocasiões especiais, das atividades escolares, e é a qualidade dessa participação que toca à questão da gestão democrática na relação entre escola e comunidade.

O diretor escolar tem papel fundamental no encaminhamento da gestão da escola, liderando processos administrativos que lhe são cobrados pela hierarquia do sistema educacional (as Diretorias de Ensino, Núcleos etc.), assim como lidera ou delega funções pedagógicas junto a professores, estudantes e pais.

> O diretor também se coloca como mediador entre comunidade e escola, podendo facilitar ou dificultar a entrada e a participação efetiva da comunidade na vida da escola e representando a escola ou delegando essa representação diante da comunidade.
>
> O coordenador tem a função de mediar a formação continuada com os professores e acompanhá-los na relação pedagógica com os estudantes na sala de aula, auxiliando e discutindo as mediações didáticas e pedagógicas em geral.

Cabe ao coordenador, além disso, atuar com os estudantes em suas demandas e nas mais diversas questões a respeito de professores, conteúdos, disciplinas, questões escolares em geral, e com os pais, subsidiando a participação destes, esclarecendo os acontecimentos cotidianos em relação aos filhos na escola etc.

> Aos professores cabe a tarefa primordial de mediar a relação ensino-aprendizagem, utilizando-se, para isso, dos mais variados meios disponíveis na escola ou alcançados por sua livre iniciativa.

Além disso, os professores se relacionam com a coordenação, a direção, os funcionários e os pais sempre tendo a relação pedagógica como parâmetro.

> Os funcionários da escola são as pessoas responsáveis pela manutenção da infraestrutura da escola (embora a maioria das escolas contratem serviços de terceiros para isso ou utilizem a mão de obra disponível em outras divisões da Administração Pública, quando é o caso), da limpeza do prédio, das salas de aula, da merenda escolar, pois esta é fundamental para grande parte das crianças e adolescentes mais pobres que frequentam a escola pública. Os funcionários administrativos são responsáveis pela gestão das informações da escola, tanto no que se refere à vida escolar dos alunos quanto à vida funcional dos professores.

Esses funcionários fazem o atendimento direto a pais e responsáveis pelos alunos, sendo, portanto, a porta de entrada da escola cotidianamente, o que é de extrema responsabilidade, já que a relação entre escola e comunidade pode ser desenvolvida ou perdida nesses contatos hodiernos. Esses funcionários também são responsáveis pela comunicação de documentos recebidos e enviados aos órgãos superiores na hierarquia do sistema em que a escola se encontra, sendo a sua organização é fundamental para o bom andamento administrativo da escola.

> Quanto aos estudantes, não é preciso definir seu papel na escola, já que este é bem claro: eles são o grande objetivo de todas as ações pedagógicas e administrativas; afinal de contas, é para a sua formação, que significa a formação dos futuros membros da sociedade, que existe a escola.

Claro está que colocar a formação em primeiro plano também é parte da gestão democrática, pois uma escola burocratizada transforma todos os meios, como a própria gestão dos documentos, em finalidade.

> Os pais e/ou familiares e responsáveis pelos estudantes compõem o quinhão da comunidade escolar para a qual a participação na gestão da escola deve ter mais atenção por parte dos próprios membros dessa comunidade, pois, pelo fato de estarem cotidianamente fora da escola e, muitas vezes, pelos percalços da vida, ou pela falta de tempo, ou até mesmo pelo desinteresse, esses atores são passíveis de serem esquecidos e nunca virem à tona nas decisões escolares.

A família, como já foi acentuado várias vezes ao longo do livro, tem interesse imediato e mediato na formação dos seus filhos: interesse imediato, pois é no espaço da escola que ela os entrega, sendo nesse espaço que os seus filhos se socializam de forma bastante densa, muitas vezes superando qualquer outra forma de socialização, até mesmo da própria família; interesse mediato, pois é na escola que se deposita certa esperança no futuro, por meio da formação, do diploma e do acesso que este pode proporcionar na futura vida profissional e pessoal das novas gerações.

Portanto, sabendo do papel da escola na vida da família, nada mais justo que a gestão da escola encontre meios favoráveis para sua participação, podendo, de forma mais consciente e ilustrada possível, compartilhar as decisões cotidianas e rumos estratégicos da escola. Não se pode confundir o papel dos pais na escola como meros arrecadadores de verbas para ocasiões especiais, como as clássicas festas juninas e as de final de ano; ou como signatários burocratizados das APMs, que obrigam a sua participação.

> Todos esses atores da comunidade escolar, os quais foram descritos separadamente, na verdade, cotidianamente, trocam experiências, informações, divergências e convergências; relacionam-se pelos seus papéis; compartilham angústias comuns ao processo de educação; compartilham os problemas da burocratização do sistema educacional, que muitas vezes toma mais o tempo dos professores que as tarefas pedagógicas e de formação continuada; compartilham, ou vivenciam, situações em que aparece toda a fragilidade do sistema educacional, como a falta de verbas para questões práticas do cotidiano da escola, o que leva ao sucateamento dos prédios; vivenciam violências advindas dos próprios estudantes ou da comunidade em que a escola se encontra, o que reflete a situação de violência da própria sociedade, ou o descompasso entre escola e comunidade; compartilham, também, os sucessos alcançados pelos alunos, as suas vitórias, os avanços alcançados no aprendizado, em eventos e concursos de que a escola participa, a felicidade de ver o trabalho pedagógico ter resultados na vida dos estudantes e de suas famílias.

A grande questão a se colocar e a se verificar em cada caso concreto é se essa "comunidade" vem funcionando como tal, ou seja, como um grupo coeso, que compartilha de projetos comuns ou semelhantes e que trabalha em conjunto para alcançar esses fins; se as relações entre os membros da comunidade escolar são pautadas pela formalidade burocratizante e que, geralmente, impõe aos pais o afastamento das questões pedagógicas e administrativas da escola, ou se essas relações são democráticas e abertas à participação; se as instituições dessa comunidade, como conselhos, grêmio, APM etc., funcionam com liberdade e com possibilidade de atuação, ou se não passam de instâncias burocráticas, que apenas existem para cumprir a legislação. É para fazer essa avaliação que mostramos, ao longo deste livro, as bases teóricas e os exemplos práticos acerca da comunidade, em geral, e da comunidade escolar, em particular.

Os desafios para a efetiva construção de uma "comunidade escolar", no sentido aqui exposto, ou seja, da participação efetiva e consciente, são enormes, e a realidade, infelizmente, demonstra que falta muito a se caminhar nesse sentido. Não basta atentarmos apenas para o espaço da escola, pois o desafio da democratização é parte da luta por uma sociedade democrática e, afora as aparências, mesmo esse objetivo ainda precisa ser alcançado.

Para concluir, focando o desafio da democratização da escola pública e, especialmente, o papel de intelectuais do povo, referente aos educadores, lembramos a lição de um grande mestre brasileiro, Florestan Fernandes (citado por Ianni, 2009, p. 65) e a sua concepção sobre o papel dos intelectuais:

> O que "devemos fazer" não é "lutar pelo povo". As nossas tarefas intelectuais possuem outro calibre: devemos colocar-nos a serviço do povo brasileiro, para que ele adquira, com a maior rapidez e profundidade possíveis, a consciência de si próprio e possa desencadear, por sua conta, a revolução nacional que instaure no Brasil uma ordem social democrática e um Estado fundado na dominação efetiva da maioria [...]. A nova ideia de nação e de democracia exige, como ponto de partida, o controle do poder pela maioria e almeja, como ponto de chegada, a extinção de um "Estado de direito" que sufoca a revolução nacional e impede a revolução democrática.

Não é o caso, portanto, de conceber a participação como uma dádiva da gestão da escola; nem de abrir as portas como um favor ao povo da comunidade; nem oferecer serviços para os quais a população seja mero receptáculo passivo; nem usar os membros da comunidade escolar, especialmente a família, como massa de manobra para a decisão de cúpula de certos setores da escola. Todas essas formas, bastante comuns, não são verdadeiramente democráticas, mas sim reflexos do autoritarismo que permeou e permeia a sociedade brasileira, como fundador do caráter de nossas instituições e sociabilidade.

> Uma verdadeira democratização da escola coloca-a como instituição a ser debatida e administrada, levando-se em conta a presença efetiva da maioria dos que têm depositado nela parte de suas vidas, a comunidade escolar.

Isso somente é possível, como esclarece Florestan Fernandes, se a escola cumprir a função de esclarecer os membros da comunidade escolar, para que a participação seja consciente e transformadora.

4.2 A LDBEN/1996 e a participação da comunidade

A Lei de Diretrizes e Bases da Educação Nacional (LDBEN), Lei nº 9.394, de 20 de dezembro de 1996, estabelece que a relação da educação escolar deve se dar com o mundo do trabalho e com a prática social (art. 1º, § 2º), e, já nesse sentido, podemos apreender que não se resume a educação escolar à sala de aula e, muito menos, à relação entre professor e estudantes. Para que seja vinculada à prática social, a educação escolar deve ter como parâmetros a própria prática cotidiana, possibilitando aos estudantes o contato com a prática social, por meio da sua participação e do convívio com a comunidade na escola.

O inciso VIII do art. 2º da mesma lei enfatiza como princípio e fim da educação a gestão democrática do ensino público, no entanto, como é típico do caráter da LDBEN/1996, ela não regulamenta nem especifica como isso será feito, apenas menciona que essa gestão deverá ser "[...] na forma desta lei e da legislação dos sistemas de ensino". Isso significa que não há uma legislação que implique a regulamentação de parâmetros de gestão democrática nas escolas públicas, reforçando a cultura do autoritarismo. Por outro lado, não podemos acreditar que a imposição, pela lei, poderia resultar em mudanças estruturais na gestão da escola. Esta somente pode ser resultado das lutas na comunidade escolar, pela abertura da escola, quando é o caso de essa se fechar à participação.

O art. 14 da LDBEN/1996 procura encaminhar, ainda que de forma evasiva, os princípios da gestão democrática:

> Art. 14. Os sistemas de ensino definirão as normas da gestão democrática do ensino público na educação básica, de acordo com as suas peculiaridades e conforme os seguintes princípios:
>
> I – participação dos profissionais da educação na elaboração do projeto pedagógico da escola;
>
> II – participação das comunidades escolar e local em conselhos escolares ou equivalentes.

Cada sistema de ensino, seja ele estadual ou municipal, tem a tarefa de definir essas normas de gestão democrática. Apesar de ser evasiva, a LDBEN/1996 delimita, nos fundamentos da gestão democrática, que a participação da comunidade esteja restrita aos conselhos escolares ou equivalentes, e que somente os profissionais da educação têm sua participação garantida na elaboração do Projeto Político-Pedagógico (PPP) da escola.

> Se o legislador notoriamente quisesse exprimir outra posição, ou seja, que é princípio da gestão democrática a participação dos profissionais da educação e da comunidade escolar na elaboração do PPP, isso constaria da lei.

É preciso, portanto, questionar esse caráter restrito da participação a partir da LDBEN/1996. Claro está que a participação da comunidade na elaboração do PPP e em outras instâncias da escola não se resume a atender o que diz a lei. As experiências concretas das escolas demonstram que podem ocorrer outras formas de participação*.

O inciso VI do art. 12 da LDBEN/1996 traz como responsabilidade da escola "articular-se com as famílias e a comunidade, criando processos de integração da sociedade com a escola". Fica a critério de cada escola, segundo a legislação do sistema a que está incorporada, promover formas de participação da família e da comunidade, o que, novamente, dependerá do caráter da gestão da escola ou da correlação de forças da comunidade, seu grau de conscientização etc., para que esses mecanismos ocorram de forma efetiva. A LDBEN/1996, no inciso VI do art. 13, coloca, aliás, como uma das incumbências dos professores a colaboração para a articulação da escola com a comunidade.

Outra forma de participação da comunidade, prevista na LDBEN/1996, é na escolha da língua estrangeira moderna, na parte diversificada do currículo da escola (art. 26, § 5º). Na Seção II, Da Educação Infantil, a LDBEN/1996 admite que a essa etapa da educação básica se relaciona, complementando-a, a ação da família e da comunidade no desenvolvimento integral da criança. Notadamente, isso implica uma relação intensiva e colaborativa entre escola e comunidade, especialmente a família, não somente em termos de decisões em nível institucional, mas cotidiano, pois se trata de os pais e os professores compartilharem a educação da criança nessa fase primordial do desenvolvimento. No ensino superior é garantida a participação de membro da comunidade nos conselhos (art. 56).

---

* O próprio *site* do MEC traz experiências de várias escolas e seus conselhos escolares como exemplo de participação. Essas experiências podem ser conferidas no *site* <http://portal.mec.gov.br/index.php?option=com_content&view=article&id=12387&Itemid=662>.

Um capítulo interessante é a recuperação que a LDBEN/1996 faz da necessidade de que a educação, para as comunidades indígenas, resgate as suas "memórias históricas; a reafirmação de suas identidades étnicas; a valorização de suas línguas e ciências" (art. 78, I). Claro está que esta exigência da lei somente pode ser cumprida se houver a participação integral das comunidades na escola.

4.3 Algumas formas tradicionais de participação da comunidade na escola

O título desta parte do capítulo chama a atenção, ao denominar como "formas tradicionais de participação", para o fato de que os conselhos, as APMs e os grêmios estudantis não são formas "revolucionárias" de participação da comunidade e, portanto, aqui elas serão tratadas de forma parcimoniosa, sem dar a elas o fetiche de panaceias, ou seja, sem depositar nessas formas de participação as esperanças de transformar a escola, mas apenas como mecanismos oficialmente abertos à participação, o que, sem dúvida, já constitui um avanço.

> Dependerá, em cada caso concreto, de como a comunidade efetiva essa participação, cobrando-a da gestão escolar, ou de como a escola, como instituição, se abre a ela.

4.3.1 Conselhos escolares

> Os conselhos escolares são compostos pelos membros da comunidade escolar, especialmente pais, professores, gestores e estudantes, que formam um colegiado para o exercício da gestão democrática na escola (Brasil, 2004a, p. 20).

Cada escola constrói os mecanismos próprios ou respeita a legislação vigente no sistema a que está vinculada, para a eleição dos membros do conselho. O papel que cumpre o conselho na escola irá depender de cada caso concreto, mas, em geral, ele é responsável pelas decisões mais importantes a serem tomadas na escola, auxiliando em sua manutenção e gestão democrática, nos âmbitos pedagógicos, financeiros e administrativos.

> A depender do caso concreto, o conselho poderá ser:
> - deliberativo, ou seja, tomar as decisões;
> - consultivo – a decisão final fica para a gestão da escola, após ouvir os conselheiros;
> - fiscalizador – tem papel de acompanhar os atos da gestão escolar;
> - mobilizador – ativo na mediação entre escola, comunidade e Estado ou sociedade civil.

De qualquer forma, a participação da comunidade escolar organizada nos conselhos escolares fornece a possibilidade de que, com base em diversas visões sobre a escola, as decisões possam ser mais bem fundamentadas:

> A visão do todo requer a vista desde os diferentes pontos: da direção, dos professores, dos funcionários, dos pais, dos estudantes e de outros atores sociais aos quais a escola também pertence. O conselho será a voz e o voto dos diferentes atores da escola, internos e externos, desde os diferentes pontos de vista, deliberando sobre a construção e a gestão de seu projeto político-pedagógico. (Brasil, 2004a, p. 35)

Uma das estratégias mais elementares para se evitar equívocos na administração em geral, e da escola, é ouvir as várias partes envolvidas no processo e na instituição. Dessa forma, ao concluir determinada pauta, o grupo que compõe o conselho escolar poderá ter a certeza de que a decisão tomada acerca de determinado tema foi a melhor possível naquele momento, levando-se em conta a opinião da comunidade escolar.

> Ao se cercar dessa responsabilidade pelas decisões, a comunidade passa a ter, em relação à escola, maior sentimento de pertencimento, pois percebe que a participação e o ponto de vista são levados em conta nas decisões.

Na verdade, o conselho, com esse poder de decisão, passa a se identificar com a própria escola, que é a sua expressão*.

Historicamente, a instituição de conselhos escolares esteve na base das reivindicações dos educadores em defesa da escola pública, ao longo dos anos de 1980, e acabou vitoriosa, pelo menos parcialmente, ao conseguir incorporar na Constituição Federal de 1988 o princípio da gestão democrática da escola (art. 206, VI). Isto porque saíamos, naquele período, de uma ditadura militar, que colocava forte impedimento à participação popular e democrática, inclusive nas instâncias escolares.

> A democratização da sociedade, expressa no grande movimento das Diretas Já, em 1983-1984, exigia também a democratização da escola. Esse pleito popular levou à institucionalização e à instalação de conselhos escolares em algumas cidades (Brasil, 2004a, 2004b), como Porto Alegre (1985), Distrito Federal (1985), São Paulo (1978 a 1985, diversas legislações foram ampliando o poder dos conselhos nesse estado).

----

* Outra função que o conselho escolar acaba cumprindo, mesmo que indiretamente, é a da melhoria da qualidade do ensino e da aprendizagem nas escolas. Esse tema é bastante interessante, mas não caberia neste espaço. Para uma discussão acerca desse tema, conferir Brasil (2004a).

Sem dúvida, o conselho escolar é a forma mais amplificada da participação da comunidade na escola, sendo o órgão máximo de deliberação, sem o qual nenhuma gestão democrática existe de fato. Conforme uma história fundamentalmente patrimonialista, ou seja, em que os bens públicos foram tratados como bens privados, os conselhos escolares são uma interessante saída para a democratização do acesso da população à instituição que lhe pertence, a escola. Frente a um conselho atuante e organizado, nunca um diretor poderá reproduzir esta velha máxima: "A escola é minha, eu faço o que entender", fala típica de um gestor autoritário, que centraliza as decisões, ou porque entende assim mesmo, ou seja, que a escola é "dele", ou porque não aprendeu a delegar tarefas ou incentivar a participação do conselho nas decisões, ou até mesmo por não aceitar as decisões coletivas, preferindo tomá-las por si mesmo.

Seguindo as trilhas do documento do MEC já citado (Brasil, 2004a, p. 45-46), analisaremos o quadro de atribuições dos conselhos escolares que foi construído com as regulamentações dos estados brasileiros até aquele momento. O quadro se divide em onze itens, assim divididos: planejamento da escola; projeto pedagógico; recursos físicos e financeiros; relações escola-comunidade; questões administrativas e disciplinares; matérias diversas; conselho escolar; ação mobilizadora; questões omissas; eleição de diretor (lista tríplice); e convocar assembleia geral. Desses itens, nos ateremos ao quarto item, relações escola-comunidade, haja vista que esse é o tema deste livro.

Esse item é dividido em outro cinco subitens: programas de interação escola-comunidade; parcerias e convênios; realização de eventos (culturais); criação de instituições auxiliares da escola; e fortalecimento da escola. Cada item é avaliado segundo a atribuição seja deliberativa, consultiva, fiscal e/ou mobilizadora.

Quadro 4.1 – Atribuições dos conselhos escolares ou equivalentes: relações escola-comunidade

Competências relativas a:	SE	PA	AL	BA	MA	PE	PB	GO	MT	MS	ES	MG	SP	PR	RS	SC	DF	AM
Relações escola-comunidade																		
Programas de interação escola-comunidade	consultiva			deliberativa		deliberativa	consultiva	deliberativa			fiscalizadora		consultiva				deliberativa	consultiva
Parcerias e convênios				deliberativa			consultiva	consultiva			consultiva							
Eventos culturais			consultiva	deliberativa	deliberativa	deliberativa			consultiva			consultiva		fiscalizadora			consultiva	consultiva
Instituições auxiliares													consultiva					
Fortalecimento da escola				consultiva														

Legenda: deliberativa | fiscalizadora | consultiva

Fonte: Adaptado de Brasil, 2004a.

O item com maior presença é o de Programas de interação escola-comunidade, com nove indicações. Eventos culturais aparece em seguida, com sete indicações, seguido pelo item Parcerias e convênios, com 6 indicações. Os outros dois itens não serão levados em conta nesta análise, devido à sua parca presença.

Com relação ao item Programas de interação escola-comunidade, vemos que, das 9 indicações, apenas dois estados delegam aos conselhos escolares o poder de deliberação, a maioria dos estados, cinco no total, delegam a função de fiscalização aos conselhos, e dois estados delegam o poder consultivo. Fica evidente, nesse item, que o poder de deliberação sobre o que parece ser o mais importante fator da relação entre escola e comunidade, ou seja, os programas especialmente voltados a isso, não é delegado aos conselhos de forma efetiva. Isso indica que ainda falta um bom caminho a se percorrer para que os conselhos possam ser efetivos na deliberação, ou seja, na efetiva tomada de decisões acerca dos programas que vinculam escola e comunidade.

Com relação aos Eventos culturais, a ênfase recai na fiscalização como tarefa do conselho escolar (4 indicações), isto é, nesses estados, a própria escola pode planejar e efetuar os eventos, cabendo à comunidade o papel de fiscalizar, o que, de fato, não enriquece as relações democráticas. Os eventos são momentos importantes de vínculo com a comunidade, e vincular o conselho, que é o representante maior desta, à mera fiscalização não parece ser o melhor caminho para criar uma identificação entre comunidade e escola.

No item Parcerias e convênios há um relativo equilíbrio, sobressaindo o papel consultivo do conselho escolar. Essas parcerias são importantes meios que encontram as escolas para driblarem a falta de recursos ou para desenvolverem novos projetos que viabilizem aos estudantes novas oportunidades. É relevante que a comunidade, por meio do conselho escolar, possa deliberar acerca desse tema, pois percebemos, empiricamente, que há nessas parcerias uma forte entrada da iniciativa privada na escola pública (quando é o caso) e, de toda sorte, essas parcerias e convênios podem se configurar importantes nos rumos que a escola vai tomar, exigindo a participação do conselho.

Se analisarmos a tabela das atribuições dos conselhos escolares por estado, podemos encontrar interessantes resultados. A Bahia é o estado que mais aparece com atribuições aos conselhos na relação entre escola e comunidade; no entanto, como se percebe, toda essa participação reduz-se à atribuição fiscalizadora dos conselhos, o que nos leva a desconfiar do caráter democrático, pois essa é, sem dúvida, uma função importante, mas a deliberação acerca das questões da escola pelo conselho seria uma saída mais democrática até mesmo para consolidar a fiscalização.

Outro dado interessante, explicado pela histórica presença dos conselhos escolares, é o caso do Estado de São Paulo, onde os conselhos têm, desde 1985, papel deliberativo nas escolas estaduais. O mesmo acontece com Minas Gerais, Mato Grosso e Sergipe, embora estes apareçam com apenas uma competência nesse item. No Estado do Amazonas, o papel dos conselhos é consultivo sobre a relação escola e comunidade. No Estado de Pernambuco, os conselhos são apenas fiscalizadores, como na Bahia e no Paraná, embora apareçam com menos competências. Os demais estados mesclam atribuições de fiscalização, deliberação e consulta acerca dos itens da relação escola e comunidade.

Para finalizar esta discussão a respeito de conselho escolar, sem a pretensão de esgotar o tema que é tão rico, é importante informar a existência, no âmbito do MEC, do Programa Nacional de Fortalecimento dos Conselhos Escolares, lançado em 2004.

> O objetivo desse programa é auxiliar os sistemas educacionais estaduais e municipais e, enfim, a sociedade como um todo interessada na questão a implementarem, normatizarem e mobilizarem a comunidade para a participação efetiva e consciente nos conselhos escolares.

Para isso, o Ministério da Educação promove cursos a distância, via Universidade de Brasília (UnB), que capacitam conselheiros e técnicos das secretarias estaduais e municipais vinculados ao desenvolvimento dos conselhos escolares; promove também parcerias com os sistemas educacionais para cursos de capacitação de conselheiros; e realiza um Encontro Nacional de Formação para os técnicos dos sistemas responsáveis pelos conselhos escolares*.

O *site* do MEC, em que estão hospedadas as informações a respeito desse programa, é rico e vale ser consultado. Nele podemos consultar mais de cinquenta experiências de conselhos escolares espalhados pelo país inteiro, contadas pelas pessoas que as vivenciaram. O *site*, ainda, abre espaços para se inserir novas experiências. Outro conteúdo importante do *site* é o material didático criado para os cursos de conselheiros, todos disponíveis *on-line* para os interessados. São 12 cadernos dedicados às várias questões em que a presença do conselho escolar pode tocar. Há um caderno base chamado *Conselhos escolares: uma estratégia de gestão democrática da educação pública* (Brasil, 2004a), que fornece uma visão geral sobre os conselhos, sua importância e o panorama de sua implementação no país até então. O Caderno 1 é intitulado *Conselhos escolares: democratização da escola e construção da cidadania* e traz a legislação pertinente e algumas dimensões da atuação do conselho. O Caderno 2 chama-se *Conselho escolar e a aprendizagem na escola* e trata desse importante tema, ou seja, de como a presença da comunidade no conselho pode afetar positivamente o aprendizado dos estudantes, a partir do envolvimento e identificação com a escola. O Caderno 3, denominado *Conselho escolar e o respeito e a valorização do saber e da cultura*

---

* Informações obtidas no *site* do MEC. Disponível em: <http://portal.mec.gov.br/index.php?option=com_content&view=article&id=12384:conselhos-escolares-apresentacao&catid=316:conselhos-escolares&Itemid=655>. Acesso em: 30 nov. 2010.

do estudante e da comunidade, refere-se a temas como a formação humana e a emancipação. O Caderno 4 chama-se *Conselho escolar e o aproveitamento significativo do tempo pedagógico* e trata da importância do PPP na escola para que esta cumpra o papel de socializadora do conhecimento, o que, necessariamente, exige uma gestão do tempo escolar. O Caderno 5, intitulado *Conselho escolar, gestão democrática da educação e escolha do diretor*, ocupa-se desta importante questão que é a escolha do diretor da escola, que trataremos mais adiante no livro. O Caderno 6, *Conselho escolar como espaço de formação humana: círculo de cultura e qualidade da educação*, aborda a formação do conselheiro escolar e da metodologia freireana de formação, baseada nos círculos de cultura, o qual já tratamos em capítulo anterior. O Caderno 7, intitulado *Conselho escolar e o financiamento da educação no Brasil*, procura contribuir para os conhecimentos necessários aos conselheiros acerca do financiamento da educação, melhorando ainda mais sua atuação na escola, já que nela a questão financeira é sempre pauta de discussões. O Caderno 8, *Conselho escolar e a valorização dos trabalhadores em educação*, discute a função social e o papel histórico que leva à (des)valorização dos trabalhadores da educação, conteúdo que, no conselho escolar, é fundamental, já que convivem nele membros da comunidade e profissionais da educação e porque são esses profissionais que, diretamente, lidam com a formação escolar dos estudantes. O Caderno 9, *Conselho escolar e a Educação do Campo*, aborda a especificidade da Educação do Campo e das formas de participação da comunidade, com base no conselho escolar, nessas escolas. O Caderno 10, intitulado *Conselho escolar e a relação entre a escola e o desenvolvimento com igualdade social*, discute as relações entre educação, desenvolvimento e igualdade social, vinculando a educação escolar ao cerne econômico da sociedade. O Caderno 11, *Conselho escolar e sua organização em fórum*, trata de orientar a criação de conselhos escolares, sua organização e movimentação*.

Com base nessa lista, apenas apresentada, apreende-se a necessidade de uma discussão mais profunda a respeito dos conselhos escolares, embora as questões básicas tenham sido aqui apresentadas. A seguir, trataremos das APM's.

4.3.2 As Associações de Pais e Mestres (APMs)

Outra forma de se estabelecer contato entre escola e comunidade são as Associações de Pais e Mestres (APMs)**, que são uma representação formalizada, regulamentada, de participação.

> Cada escola institui a APM como uma associação civil, sem fins lucrativos e que representa os pais e os profissionais da escola em geral, tendo como objetivo maior a integração entre escola e comunidade escolar, assim como auxiliar na manutenção da escola, nas atividades escolares e gerir, administrar e fiscalizar os recursos financeiros que forem repassados pelos governos municipal, estadual ou federal, ou que tenham sido angariados por iniciativa própria, inclusive por meio de arrecadação sistemática entre os membros da comunidade escolar, desde que esta seja de caráter voluntário***.

----

* Além desses onze cadernos, constam, ainda, como "publicações de interesse" três livros relativos à avaliação e qualidade da educação: *Indicadores de qualidade na educação*; *Indicadores de qualidade: ensino e aprendizagem da leitura e da escrita*; e *Aprova Brasil, o direito de aprender*. Claro está que seria necessária uma análise crítica desses cadernos, um a um; no entanto, esse objetivo ultrapassaria o espaço aqui disponível, bem como o intuito do livro. A intenção, ao trazer esse acervo contido no *site* do MEC, é chamar a atenção para ele, pois é um acervo público e, com isso, possibilitar a leitura e discussão entre professores e acadêmicos, em sala de aula.

** Alguns estados denominam essas entidades de Associações de Pais, Mestres e Funcionários (APMFs).

*** Na escola pública, é proibida a cobrança compulsória.

A composição da APM varia de caso para caso, já que não há uma regulamentação federal válida para todos os sistemas. Em geral, no entanto, os componentes natos são professores, pais, direção e representantes de estudantes. O presidente da APM responde, em nome desta, inclusive no âmbito jurídico, já que se trata de uma Associação Civil, juridicamente regulada. As APMs geralmente contam com uma estrutura hierárquica, composta por um presidente, vice-presidente, secretário, tesoureiro (ou coordenador financeiro), conselhos etc., pois essa estrutura deve resguardar, em documentos, toda a atividade financeira e outras da associação, prestando contas à comunidade escolar. Inclusive, conforme o caso, a APM deve contratar um escritório de contabilidade para a manutenção e a prestação de contas.

> A APM deve acompanhar o desenvolvimento do Projeto Político-Pedagógico da escola e, para isso, os seus membros devem conhecer tal projeto bem como seus fundamentos e as práticas pedagógicas concretizadas na sala de aula e no espaço escolar.

A atividade que mais caracteriza as APMs, no entanto, é a promoção de eventos na escola, sejam eles de cunho cultural, científico ou de lazer. Esses eventos sempre procuram arrecadar verbas para a escola, seja para as necessidades de manutenção do prédio, seja para auxílio aos alunos mais pobres, nos casos em que estes necessitem, por exemplo, de ajuda para comprar uniformes ou para outras necessidades. Com base nos recursos disponíveis, a APM pode contratar serviços de terceiros e manter funcionários registrados.

A criação de uma APM geralmente tem o seguinte trâmite: uma reunião geral da comunidade escolar especialmente voltada para isso; discussão do Estatuto da APM; eleição da diretoria, após a regulamentação e apresentação da lista de eleitores da escola e comissão eleitoral; aprovação do Estatuto; legalização da APM junto ao cartório; registro da APM na Receita Federal do Brasil (Cadastro Nacional de Pessoa Jurídica – CNPJ); e abertura de conta em nome da APM. Quanto aos trâmites burocráticos, deverá ser dada a devida atenção à declaração de Imposto de Renda de Pessoa Jurídica; às notas fiscais; à Relação Anual de Informações Sociais (Rais); à documentação trabalhista, em caso de funcionário contratado ou de outros tipos de contratação que tenha vinculação trabalhista; e à manutenção do livro caixa e do livro de atas.

Percebe-se que a vinculação à APM exige certo conhecimento e dedicação dos membros da comunidade escolar, pois se trata de um órgão com grande responsabilidade, tanto pedagógica e social quanto jurídica, trabalhista e contábil.

Uma questão a ser levantada quanto à atuação das APMs é que, com base nelas, dá-se a entrada, na escola, do trabalho voluntário, ou da arrecadação de verbas extraordinárias à escola.

> Apesar da grande ênfase que se dá à necessidade de participação social na escola, e isso é inegável, conforme entendemos, essa participação e a necessidade premente que a maioria das escolas possui dela demonstram que falta uma estrutura do Estado na manutenção e desenvolvimento da escola.

A precariedade das escolas vai sendo resolvida pela atuação de pessoas com vínculos e disposição de ajudar a resolver esse problema, partindo do pressuposto de que não se "pode esperar que somente o Estado faça a sua parte". No entanto, esse tipo de atuação, se politicamente correta segundo o senso comum, é também uma faca de dois gumes, pois desresponsabiliza o Estado ou, pelo menos, reduz a pressão social para que ele, efetivamente, cumpra o papel de manter a "coisa pública", no caso, a escola pública.

Não há dúvida, no entanto, que é de grande valia para os estudantes, por exemplo, verem seus pais atuando juntamente na escola e enxergando o que se leva em consideração nessa atuação, aproximando e identificando as pessoas com a escola. Existem muitos relatos disponíveis acerca dessa relação entre participação e ganhos com aprendizagem, por exemplo, mas não podemos deixar de considerar que a participação e a necessidade extrema de que a APM angarie recursos para que a escola possa sobreviver não é o melhor caminho para a democratização da escola pública.

4.3.3 Os grêmios estudantis

Neste tópico do capítulo trataremos de uma das formas mais importantes de intervenção da comunidade escolar, que é a organização dos estudantes em grêmios estudantis.

> Na história recente brasileira, especialmente a partir dos anos de 1960, os grêmios estudantis foram palco de mobilizações históricas em prol da divulgação da cultura popular e das lutas contra a ditadura militar. A mobilização dos estudantes, desde a adolescência, constitui uma das formas mais interessantes de construção de futuros cidadãos conscientes e críticos perante a nossa realidade, e a escola, ao proporcionar esse espaço de organização, pode promover, somada a um bom ensino, uma ótima qualidade na formação integral, intelectual, moral e cidadã dos seus estudantes.

A Secretaria de Educação de Minas Gerais, na cartilha em que divulga suas reflexões sobre o grêmio estudantil, traz o que fundamenta a necessidade da aposta da participação dos estudantes de forma bastante interessante: "O pressuposto básico é o de que aquilo que os alunos pensam, dizem e fazem é importante tanto para eles, que desenvolvem competências sociais, como para a escola, que avança na vivência de princípios democráticos." (Minas Gerais, 2004, p. 9).

Por contraditório que seja, os Grêmios Estudantis possuem uma garantia de existência que foi dada em pleno governo de José Sarney, em 1985, a partir da Lei nº 7.398, de 04 de novembro de 1985. O seu art. 1º registra que: "Aos estudantes dos estabelecimentos de ensino de 1º e 2º graus fica assegurada a organização de Estudantes como entidades autônomas representativas dos interesses dos estudantes secundaristas com finalidades educacionais, culturais, cívicas esportivas e sociais." Essa mesma lei não referenda nenhum dispositivo específico sobre a organização do grêmio, ficando esta a cargo dos estudantes de cada estabelecimento de ensino (art. 1º, § 2º), sendo a escolha da diretoria e de outros representantes feita pelo voto direto e secreto (art. 1º, § 3º).

Com base nessa legislação federal, os estados organizam suas próprias legislações a respeito da organização dos grêmios, sempre levando em conta a autonomia dos estudantes para a decisão sobre o formato que vai adquirir em cada caso concreto.

> Os grêmios, portanto, são porta-vozes dos estudantes na escola, representando os interesses e pontos de vista destes, tanto no que se refere ao cotidiano da escola, ao seu projeto pedagógico, às relações entre educadores, funcionários, dirigentes da escola e estudantes, quanto para a promoção de discussões ainda não levadas a cabo na escola – ou seja, colocando-se como ponta de lança para a escola introduzir temas de interesse da juventude –, e que, muitas vezes, pela inércia, pelo desconhecimento ou pela carga do cotidiano, os profissionais da educação não conseguem promover.

Não há dúvida de que a possibilidade que um adolescente tem de participar ativamente de um grêmio tenha um valor formativo tão importante quanto imponderável, mas essa participação é também um espaço educativo, de aprendizagens múltiplas e de conscientização. Ao se propor projetos, ao se colocar ativamente nas mais diversas discussões, ao organizar eventos, ao se comunicar com os mais variados setores da escola e da comunidade, os estudantes vão angariando experiências ricas para o seu processo formativo, resultando numa atitude diferenciada em relação ao mundo e em relação ao conhecimento.

Outra questão interessante a respeito da participação dos jovens é que, a partir da atuação no grêmio da escola, os jovens podem entrar em contato com temas que vão além do seu cotidiano, ou seja, com temas de interesse de toda a comunidade escolar e até mesmo da sociedade como um todo. Esse contato faz com que, desde cedo, os jovens percebam a sua presença como cidadãos do mundo, e não apenas como uma pessoa que luta, egoisticamente, pelos seus interesses. É o que Gomes (citado por Minas Gerais, 2004, p. 17) denomina de *protagonismo juvenil*:

> Vemos o protagonismo juvenil como uma pedra atirada na superfície de um lago. O efeito do seu impacto se irradia em círculos concêntricos cada vez mais amplos. O ponto de irradiação é a escola, normalmente o primeiro espaço público frequentado de modo sistemático pela maioria das pessoas. A partir da escola, no entanto, as ações de protagonismo podem se espraiar pelo entorno comunitário da escola, pela cidade, pelo país, pelo mundo. Quando o adolescente decide problematizar e interferir em questões que, à primeira vista, não dizem respeito a pessoas de sua idade, ele está, de maneira efetiva, dando seus primeiros passos no rumo do protagonismo juvenil.

É impossível não nos lembrarmos, refletindo sobre o protagonismo juvenil, dos estudantes secundaristas e de seus grêmios estudantis que participaram ativamente em todo o país do Movimento dos Caras-Pintadas e que ajudaram, de uma maneira ou de outra, a promover o *impeachment* do então presidente Fernando Collor de Mello, em 1992.

São várias as possibilidades de atuação dos grêmios, desde a promoção de eventos culturais e educativos, de lazer e esportes, até a participação cotidiana nos assuntos internos da escola, na discussão do Projeto Político-Pedagógico e nas reuniões com os professores.

> Os grêmios podem ser um mediador entre os temas debatidos na sociedade e a introdução destes na escola, como assuntos vinculados a política, ecologia, educação, justiça, economia etc., atuando, assim, como uma entidade promotora do avanço de conhecimentos extracurriculares, essenciais para a formação dos estudantes.

A formação do grêmio estudantil segue, aproximadamente, os parâmetros das APMs. Em primeiro lugar, os estudantes se reúnem para decidir sobre a formação do grêmio, montam uma comissão, com representantes das turmas, ou outro tipo de representação legítima. Essa comissão organiza um primeiro estatuto para o grêmio e passa a organizar uma Assembleia com todos os estudantes para esclarecer o projeto do grêmio e a discussão e aprovação de um estatuto. Desde o início, os documentos deverão ser resguardados, como o livro-ata dessa Assembleia, que deve conter as assinaturas de todos os estudantes após as descrições dos fatos ocorridos. Nessa primeira Assembleia é escolhida uma comissão eleitoral, para iniciar o processo de eleição da Chapa que dirigirá o grêmio pelo período estipulado no estatuto aprovado, lembrando que, seja como for a eleição, ela deverá ser regida pelo voto secreto e igualitário, ou seja, todos os votos têm peso igual.

Enfim, são muitas as questões a serem trabalhadas pelo grêmio estudantil, sendo que a necessidade de organização dos estudantes é tão importante quanto a abertura que a escola deve possibilitar para essa atuação. Embora o grêmio não dependa burocraticamente da escola, ou seja, ele é um órgão independente, sem vínculo de subordinação com a direção ou com os professores, é essencial que os profissionais da educação entendam que a sua abertura resultará na possibilidade de que a formação dos estudantes seja ainda de mais qualidade se somá-la aos conteúdos aprendidos, isto é, haverá uma atuação política mais ampla, que tornará os jovens em protagonistas de uma história, a qual estão em condições de fazer neste momento da vida.

4.4 O voluntariado na escola

Uma das formas mais populares de relacionamento entre escola e comunidade é a ação do voluntariado.

Com projetos relacionados ao currículo, à infraestrutura da escola e aos temas transversais, como saúde, meio ambiente, arte, esportes, sexualidade etc., os voluntários são mediadores entre a comunidade e a escola. O voluntariado na escola, no entanto, está imerso em um universo maior em que ele é enunciado socialmente como um meio de transformação social. Portanto, primeiramente faremos uma pequena discussão geral sobre voluntariado e, em seguida, traremos a discussão específica do voluntariado na escola.

> Nos últimos anos, tem acontecido uma campanha nacional pela participação da sociedade na escola, por meio de ações voluntárias. A ação voluntária tem sido foco de diversas ações sociais, inclusive em nível internacional, promovida pela Organização das Nações Unidas (ONU), que instituiu, em 2001, o Ano Internacional do Voluntário. A partir de 2001, com a organização no país do Comitê Brasileiro para as Ações de Voluntariado, essa temática vem crescendo no senso comum da sociedade, tendo apoio, inclusive, de redes de televisão com grande poder de mobilização social. Segundo dados do Instituto Faça Parte – Brasil Voluntário, cerca de 20 milhões de brasileiros participaram nesse ano de 2001 de ações voluntárias, sendo o país que mais se destacou nessa campanha no mundo.

A ideia que fundamenta o voluntariado é a de que as mudanças sociais somente podem resultar das ações que os indivíduos se propõem a realizar por vontade própria e espontânea. Difunde-se que a soma de pequenas ações podem transformar o mundo. Dessa forma, frente aos inúmeros problemas sociais existentes em nosso país, a resposta dada pelos ideólogos do voluntariado é a participação social para além da atuação do Estado. São vários os exemplos desse discurso, como demonstraremos a seguir:

> Pequenos atos que geram grandes mudanças. O voluntariado significa muito mais que a realização de ações sociais, é a troca de experiências e um grande passo para a transformação da nossa sociedade (Espaço Cidadania da Universidade Metodista).

> Ser voluntário é doar seu tempo, trabalho e talento para causas de interesse social e comunitário e com isso melhorar a qualidade de vida da comunidade (Centro de Voluntariado de São Paulo).

> Você tem força de vontade e quer contribuir para a construção de um mundo melhor? Então você tem tudo para ser um voluntário (Portal do Voluntário).

> O trabalho voluntário é aquele que nasce da vontade do indivíduo de colaborar, de alguma forma, para uma causa ou para o bem-estar de uma ou mais pessoas, doando seu tempo e desenvolvendo atividades de forma espontânea (Voluntariado Fundação Bradesco).

> Consolidar a cultura do voluntariado, estimulando a participação da juventude, como parte ativa da construção de uma nação socialmente mais justa (Missão do Instituto Faça Parte – Brasil Voluntário)*.

As formas de sociabilidade em que vivemos atualmente levam as pessoas, em geral, a aceitar esses discursos como verdadeiros.

----

* Esses textos podem ser encontrados, respectivamente, nos *sites*: <http://www.metodista.br/cidadania>; <http://www.voluntariado.org.br/seja_voluntario/o_que_e.htm>; <http://portaldovoluntario.org.br/blogs/54329/posts/44>; <http://voluntariado.fb.org.br/Voluntariado/Voluntariado>; <http://www.facaparte.org.br>. Acesso em: 25 jul. 2010.

Não há dúvidas de que há elementos de sedução nesses discursos, ainda mais que são veiculados juntamente com uma carga emotiva, como aqueles demonstrados em reportagens especiais transmitidas em programas de televisão, que aproximam os voluntários com "heróis", que doam seu tempo e esforços para se dedicar a outras pessoas, muitas vezes apesar das próprias dificuldades por que passam na sua vida particular.

> A ideologia do voluntariado, negando as contradições sociais advindas das desigualdades sociais, reforça a saída pelo "pacto social", ou seja, uma saída que concilia as classes sociais simplesmente eliminando tais conflitos da vista da população, ou, de outra forma, apontando que existem diferenças sociais que podem ser eliminadas pela boa vontade das pessoas.

Tudo se passa, enfim, como se a consciência colocada em ações voluntárias pudesse mudar a realidade social.

No âmbito do voluntariado, por exemplo, existe o chamado *voluntariado empresarial*, que vem sendo um fator importante no planejamento das empresas, as quais se voltam à construção de um perfil para a sociedade, preocupadas com a imagem que vinculam juntamente com seus produtos. Além disso, segundo pesquisa realizada pela ONG RioVoluntário com 100 empresas*, outro retorno importante para o voluntariado empresarial é a melhoria do clima organizacional nas empresas. Ambos resultam, no final do ciclo econômico, em maior produtividade e lucratividade, pois existe certa relação entre o consumo e a imagem da empresa. O voluntariado empresarial funciona por meio do incentivo das ações dos empregados das empresas nas várias áreas disponíveis para o voluntariado,

---

* Mais detalhes podem ser encontrados no *site*: <http://www.riovoluntarios.org.br>. Acesso em: 26 jul. 2010.

especialmente nas comunidades mais próximas ou com as quais a empresa se identifica de alguma forma.

> O exemplo do voluntariado empresarial serve para compreender que, por essa via, as empresas conquistam a imagem de compromisso com os problemas da sociedade e que, portanto, não devem ser encaradas do ponto de vista do conflito, ou seja, como lócus de lutas de classes.

Fica legitimada, assim, a relação das empresas com seus empregados, pois o que importa agora é avaliar essa empresa segundo a sua "responsabilidade social", e não mais a qualidade das relações trabalhistas que mantém com seus empregados, por exemplo.

De qualquer forma, há um processo constante de manutenção do capitalismo e, na contemporaneidade, uma das facetas desse processo é a ideia de que o pacto social é a única saída para a boa convivência social, banindo o conflito como meio de superação da nossa sociedade.

No caso da escola, o voluntariado também vem crescendo, legitimado por esses discursos anteriormente mencionados e outros específicos, citados a seguir:

Se queremos uma educação de qualidade para todos, precisamos de todos pela qualidade da educação. [...]

Para ir além do que já foi conquistado com a universalização do ensino fundamental é preciso que todos se mobilizem: governos, educadores, funcionários, alunos, familiares e organizações. (Amigos da Escola, 2010)*

---

* Mais detalhes podem ser encontrados no *site*: <http://amigosdaescola.globo.com/TVGlobo/Amigosdaescola/0,,AA1277303-6961,00.html>. Acesso em: 26 jul. 2010. Todas as citações, quando relacionadas ao projeto Amigos da Escola, foram retiradas desse *link*.

Esses pequenos textos, retirados do *site* Amigos da Escola, projeto de voluntariado criado pela Rede Globo, demonstram uma concepção de sociedade que é interessante analisar. Antes de tudo, é preciso reafirmar que esse discurso tem larga penetração social, devido ao poder de alcance desta que é a maior emissora de televisão do Brasil e, portanto, é parte do senso comum a ideia de que as pessoas devem participar como agentes da transformação, e que as ações promovidas individualmente, se somadas, contribuem para fazer um país melhor.

Ao analisarmos o discurso pronunciado pelo Amigos da Escola, percebemos a adesão deste a uma noção funcionalista de sociedade, ou seja, de que o melhor funcionamento da sociedade ocorre pela soma das partes, em que cada uma é caracterizada pela função que pode desempenhar no sistema como um todo.

> O voluntário da educação, portanto, tem uma função a cumprir, tanto porque possui um talento especial, que pode ser ensinado, quanto porque uma parte do "corpo social", a escola, necessita de ajuda, e o voluntário vai ao encontro dessa necessidade, no sentido de superá-la.

Segundo essa concepção, tal como ela foi anunciada nos discursos mostrados anteriormente, não existem hierarquias de responsabilidades para com a escola, ou seja, a responsabilidade pela manutenção e desenvolvimento da escola pública seria tanto do Estado quanto de cada um dos cidadãos ou organizações. Cada um, com seu papel a cumprir, teria a mesma responsabilidade pela qualidade da educação oferecida na escola pública. Tal concepção, claramente, retira dos "ombros" do Estado boa parte da responsabilidade, especialmente no que diz respeito aos embates cotidianos, que passam a ser resolvidos nessa lógica da participação.

No âmbito do voluntariado na escola, além do projeto Amigos da Escola, destaca-se o Instituto Faça Parte – Brasil Voluntário.

Vamos descrever brevemente a atuação de cada um deles, tendo em vista que o voluntariado na escola se relaciona diretamente ao vínculo entre comunidade e escola, que é o tema deste livro.

O projeto Amigos da Escola tem como objetivo anunciado "contribuir para o fortalecimento da educação e da escola pública de educação básica", estimulando a participação da comunidade escolar e organizações, empresas etc., por meio da mobilização via televisão. É interessante notar que há, no Amigos da Escola, um largo uso da emotividade na mobilização, como já foi afirmado anteriormente, por meio de artistas consagrados e matérias jornalísticas que enfatizam o voluntário na escola com uma "aura" heróica. É útil trazermos a concepção desse projeto no que se refere à integração entre escola e comunidade.

> Como instituição central, a escola tem o potencial de influenciar não somente os alunos, professores e funcionários, mas também as famílias dos alunos, os moradores e comerciantes da localidade em que está inserida.
>
> As atividades voluntárias são uma excelente oportunidade para promover a interação entre a escola e a comunidade, estendendo os laços de colaboração e comprometimento mútuos. (Amigos da Escola)

Na primeira parte, destaca-se algo de fundamental importância para a compreensão desse universo temático do voluntariado na escola: a crença de que a escola é uma "instituição central", ou seja, de que é a partir da educação escolar que se podem realizar transformações sociais substantivas. Isso significa, na verdade, um deslocamento ideológico do conflito social, que é gerado pelas contradições existentes na infraestrutura econômica, ocultando o caráter essencialmente desigual, contraditório e injusto do capitalismo.

No que se refere à integração entre escola e comunidade, não há dúvidas de que o voluntariado é parte desse processo, pois, com base na valorização dos membros dessa comunidade como potenciais educadores, ou como colaboradores da escola, há uma possibilidade de maior identificação entre escola e comunidade. Claro está que esse trabalho voluntário não pode ser substituto do trabalho docente, nem do currículo da escola, como o projeto Amigos da Escola aponta na sua justificativa.

> São três as formas de atuação voluntária, segundo o projeto Amigos da Escola:
> - Escola-comunidade.
> - Comunidade-escola.
> - Escola-escola.

No primeiro caso, alunos, professores e funcionários da escola, após diagnosticarem algum problema da comunidade, realizam um projeto de intervenção específico ou ampliado. No segundo caso, membros da comunidade, individualmente ou em grupos, se organizam para propor auxílio para a escola, nas mais diversas atividades, segundo a qualificação existente na comunidade e após aprovação da escola. No terceiro caso, os próprios membros da escola, em horários alternativos, podem auxiliar nas atividades da escola, desenvolvendo e potencializando projetos na mesma escola ou em parceria com outras.

É interessante notar que o projeto Amigos da Escola traz, como fundamento legal, a relação do voluntariado com a LDBEN/1996 e os Parâmetros Curriculares Nacionais (PCN). Vejamos o que diz o projeto:

> Na Lei de Diretrizes e Bases, a educação é concebida como dever do Estado e da família e deve estar inspirada nos ideais de solidariedade, visando o pleno desenvolvimento do educando, seu preparo para o exercício da cidadania e sua qualificação para o trabalho. Por sua natureza, as ações de voluntariado educativo podem colaborar, e muito, na concretização desse ideal.

O voluntariado educativo também está de acordo com os Parâmetros Curriculares Nacionais, na medida em que promove a compreensão da cidadania como participação social, assim como exercício de direitos e deveres políticos, civis e sociais. (Amigos da Escola, grifo do original)

Não há dúvida de que o projeto Amigos da Escola capta da LDBEN/1996 elementos fundamentais, constantes em seus primeiros artigos, que anunciam os objetivos maiores da educação brasileira. Ao afirmar que a educação é dever da família, a lei coaduna com a visão de que não há hierarquia entre família e Estado. Por outro lado, as ações voluntárias, inspiradas em temas transversais, podem auxiliar na formação para o trabalho. O exercício da cidadania resultaria da própria participação em ações voluntárias, tanto sendo agente como participante das ações oferecidas pelos voluntários, com quem o convívio e o exemplo podem ser inspiradores para o futuro cidadão que se forma na escola.

> Os focos de atuação dos Amigos da Escola são assim definidos:
> - Estímulo à leitura.
> - Reforço escolar.
> - Saúde e qualidade de vida.
> - Artes e esportes.
> - Inclusão digital.
> - Instalações e equipamentos.
> - Gestão escolar.

O Instituto Faça Parte mantém parceria com o projeto Amigos da Escola e, como este, também trabalha com o conceito de voluntariado educativo. Vejamos o que isso significa:

O voluntariado educativo é uma proposta que visa estimular a cultura do voluntariado, com caráter pedagógico, a partir do desenvolvimento dos projetos que potencializam a principal função da escola: promover a aprendizagem, preparando o aluno para a vida e para o trabalho. Atuações sociais integradas ao currículo escolar têm também o objetivo de melhorar a qualidade de vida da comunidade onde a escola está inserida. (Instituto Faça Parte – Brasil Voluntário, 2010)

Além dessa concepção, o voluntariado educativo é encarado pelo Instituto como uma metodologia que une teoria e prática; uma estratégia que integra saberes, competências e habilidades; uma forma de estimular a participação do jovem, formando-o crítica e politicamente. Percebe-se, também, que a concepção do voluntariado educativo parte da premissa da LDBEN/1996, isto é, da formação para a vida e para o trabalho, ou seja, é uma forma de fortalecer a legislação, demonstrando que o seu conteúdo, de fato, interessa a um determinado projeto de sociedade, já descrito anteriormente.

Os dois principais projetos do Instituto Faça Parte são o Selo Escola Solidária e o Palco Digital. O primeiro é uma forma de identificar e reconhecer experiências de sucesso realizadas em escolas brasileiras, que buscam "uma aliança arrojada entre os saberes curriculares e a prática social transformadora" (Instituto Faça Parte – Brasil Voluntário, 2010). O Instituto mantém, a partir do reconhecimento, uma Rede de Escolas Solidárias, que conta com mais de onze mil ações divulgadas no seu *site*.

O Palco Digital (Instituto Faça Parte – Brasil Voluntário, 2010b) é uma rede social que incentiva e divulga ações culturais gratuitas ou de baixo custo, com base em *blogs* de escolas, Secretarias de Educação e instituições comunitárias. São exemplos: *shows*, exposições, instalações, folclore, livros, filmes e músicas, entre outros.

Antes de finalizar a discussão sobre voluntariado na escola, é importante destacarmos duas possibilidades dessa vinculação entre escola e comunidade. Em uma primeira possibilidade, o voluntariado pode ser visto de forma crítica se a escola depender da ação de pessoas para realizar tarefas essenciais para o seu funcionamento, ou seja, em casos em que é flagrante a ausência do Estado na manutenção de um bem público fundamental, que é a escola. Paro (2009, p. 92) encontrou essa situação na escola que investigou. Segundo a sua descrição do caso:

> Outro ponto em que aparece a precariedade das condições de trabalho emperrando o bom desempenho da escola diz respeito à necessidade de contar com colaboradores voluntários. Na Vanderlei, há 16 pessoas trabalhando como voluntárias. Segundo a direção, não houve outro meio para enfrentar a falta de pessoal que a administração superior não supre.

Não podemos deixar de fazer crítica a tal situação, pois o trabalho voluntário jamais poderia substituir a ação do Estado na manutenção da escola pública, como é o caso apresentado por Paro (2009). Esse, de fato, é um perigo da ação voluntária na escola como ideologia, como tem sido proposta no senso comum veiculado na sociedade atualmente.

> A centralidade da ação voluntária, em geral, como positividade incontestável na construção da cidadania, e a ação voluntária na escola, como meio de fazer pelas próprias mãos sem precisar "esperar que o Estado faça", fazem com que se deixe de lado a luta por uma escola pública estatal, igual para todos e com qualidade.

Outra situação, bem diferente, seria a de uma escola que pode se concentrar em projetos extracurriculares porque já superou os desafios hodiernos da educação. Nesse caso, o trabalho voluntário na escola faz sentido, pois amplifica o potencial formativo, que já é grande, sendo que as condições materiais são dadas para que isso ocorra. No entanto, como bem sabemos, a escola pública não está alcançando as possibilidades que tem o trabalho curricular e, portanto, implementar atividades extracurriculares não parece a melhor saída, afinal de contas, o tempo da escola não é infinito e precisa ser aproveitado para a socialização dos conhecimentos. Claro está que essa socialização deveria ocorrer sob condições e por meio de metodologias, as mais eficientes possíveis, mas sempre visando o objetivo maior da educação.

Outra questão a ser pensada acerca do trabalho voluntário é a sua presença em meio a uma situação de desemprego estrutural.

> *Como pensar na generalização do trabalho voluntário, com milhões de desempregados no país? Como aprovar um trabalho voluntário, não pago, substituindo outro que poderia gerar renda? Como pensar na durabilidade de um trabalho voluntário, ou no compromisso com esse tipo de trabalho, se as pessoas, no meio do caminho, podem se encontrar impossibilitadas de dedicar um tempo precioso ao voluntariado, ao invés de dedicá-lo à sua própria sobrevivência?*

Isto de fato ocorre e gera a descontinuidade do trabalho voluntário, mas este não tem outro compromisso que a consciência, pois juridicamente não cria vínculos trabalhistas*. Mas o "compromisso", mesmo que exista, não supera a necessidade que tem a pessoa de viver e, para viver, é preciso que exerça trabalho remunerado.

> *Sendo assim, como a escola pode depender de uma pessoa ou de uma atividade por ela exercida se essa pessoa pode vir a faltar por motivos bem tangíveis, que é a sua necessidade de sobreviver? Como fica essa questão, pedagogicamente falando?*

---

* Conforme a Lei do Voluntariado, Lei n° 9.608/1998.

Essas e outras questões sobre o voluntariado devem ser levadas em conta na gestão desse tipo de trabalho na escola, afinal de contas, a educação pública não pode se pautar em um tipo de trabalho de vínculo precário e por descontinuidades. Além disso, como já afirmamos, o trabalho voluntário não substitui o que é essencial da escola e, muito menos, a luta de todos, frente ao Estado, por uma escola pública e financiada com verba pública, de qualidade e para todos.

4.5 Escola e empresariado

Para finalizar este tópico, que trata das formas de participação da comunidade na escola, vamos analisar as parcerias entre empresa e escola. Não se trata de aprofundar essa temática, que vem sendo importante na análise da escola, especialmente a partir da década de 1990, desde o movimento denominado *Qualidade Total**. Apenas serão apontadas algumas características destas parcerias.

> Em geral, os empresários vêm desde a década de 1940, com a fundação do Serviço Nacional de Aprendizagem Industrial (Senai) e do Serviço Social da Indústria (Sesi), procurando formas de aprimorar seu contato e ações voltadas para a educação.

Nesse sentido, os empresários não somente desenvolveram um sistema próprio, como o Sesi e o Senai, mas também são agentes de pressão sobre os governos, no sentido de que as políticas educacionais possam seguir a trilha dos projetos dessa classe. A Confederação Nacional da Indústria (CNI), a mais importante organização do empresariado industrial do país, mantém escritórios

---

* Conferir, sobre esse tema, Gentili e Silva (1994, 1995).

e representantes em comissões ministeriais e no Congresso, justamente para que possam interferir nesse e em outros temas do seu interesse.

Uma das estratégias discursivas dos empresários no fomento de sua participação no sistema educacional é a forte crítica que fazem à oferta de educação pública no país. Desde 1993, pelo menos, os empresários pleiteiam publicamente partilhar a oferta e o gerenciamento da educação brasileira, incluindo participação nas esferas de decisão do MEC (CNI, 1993). A crise da educação brasileira, para o empresariado, é uma crise de gestão e, por isso, se a crise está alta, proclamam agentes capazes de transformar esse quadro, devido à especificidade gerencial da atividade industrial. Essa mudança gerencial, portanto, aproximaria a gestão do sistema público de educação à gestão das empresas privadas, garantindo a eficiência e a eficácia necessárias para uma educação voltada para as exigências da competitividade.

Outra crítica que os empresários fazem à educação pública é o seu descompasso com as necessidades das empresas, ou, como preferem falar, o descompasso com as "necessidades sociais"*. Na verdade, esse tipo de opinião está generalizada, inclusive entre os profissionais da educação, como demonstra o discurso a seguir, de uma diretora de escola no Rio de Janeiro, segundo Silva (2006):

> Com esse projeto, por um lado, conseguimos atender a uma das prioridades da Lei das Diretrizes e Bases da Educação Nacional (LDB) que é a formação para o mercado de trabalho. Por outro, isso muda a percepção da comunidade sobre a escola. Esta passa a ser vista como ponte mais direta para o mercado de trabalho.

Percebe-se a aceitação acrítica da participação do empresariado

---

* Uma estratégia comum às classes dominantes, que é parte da estratégia de dominação de classe, é generalizar os objetivos que, na verdade, são das classes dominantes.

na educação, vinculada à premissa da LDBEN/1996, de formação para o mercado de trabalho. De fato, a lei diz isso mesmo, ou seja, propõe, no ensino médio, a formação para o mercado de trabalho, o que é justificável pela história da tramitação dessa lei. No entanto, a aceitação desse vínculo entre formação e mercado de trabalho é um meio de reduzir o papel da escola à criação unilateral, ou seja, do trabalhador alienado*.

> A trajetória da LDB iniciou-se em 1986, com a IV Conferência Brasileira de Educação, em Goiânia-GO, cujo tema foi "A Educação na Constituinte". Neste encontro foi produzida a Carta de Goiânia, com propostas dos educadores para o capítulo da Constituição Federal de 1988 sobre a educação. Em maio de 1987, na X edição da ANPEd, a Conferência de Dermeval Saviani "Em direção das novas diretrizes e bases da educação" foi outro marco nesta trajetória. O texto da palestra foi publicado no número 13 da revista Ande. O texto é apresentado nesta revista com o formato de projeto de lei. Ele é apresentado e discutido em abril de 1988 na XI ANPEd, em Porto Alegre-RS. Em agosto do mesmo ano, o texto é debatido na V Conferência Brasileira de Educação, em Brasília-DF. Este texto é a fonte do Projeto de Lei encaminhado à Câmara dos Deputados por Otávio Elísio, em dezembro de 1988, logo após a promulgação da Constituição Federal. A partir de março de 1989, o projeto passa a ser emendado, primeiramente por Jorge Hage, parlamentar do PSDB-BA e relator da Comissão de Educação e Cultura da Câmara. Para a formulação de seu parecer, Hage construiu um processo democrático, consultando inclusive outros projetos de LDB. O seu projeto foi aprovado em junho de 1990 na Comissão de Educação e Cultura. Com a eleição de Fernando Collor de Mello, a composição de forças conservadoras ganha força na Câmara. Em maio de 1992, o senador Darcy Ribeiro entra com um primeiro substitutivo à LDB, que tramitava na Câmara, cujo relator é o senador Fernando Henrique Cardoso. Este substitutivo ganha caráter mais conservador,

---

* Sobre esse tema, conferir Alves (2001).

retirando instâncias democráticas de decisão, como o Conselho Nacional de Educação, e omite a criação de um Sistema Nacional de Educação. Na Câmara, os deputados conservadores criam problemas para a tramitação do Projeto Jorge Hage, com a colocação em pauta de 1.263 emendas. Somente em novembro de 1992 consegue ir para votação e é finalmente aprovado na Câmara em 13 de maio de 1993. O projeto é então encaminhado para o Senado, onde Cid Sabóia (PMDB-CE) é o relator. Seu substitutivo contém ainda avanços advindos da proposta da Câmara. Foi aprovado na Comissão de Educação do Senado em 12 de dezembro de 1994. Porém, com a ascensão de Fernando Henrique Cardoso ao governo federal, o projeto aprovado na Comissão do Senado passa a sofrer a oposição do governo. Darcy Ribeiro faz um relato, na Comissão de Constituição, Justiça e Cidadania do Senado, apontando a inconstitucionalidade do texto e um novo substitutivo ao projeto, que é aprovado em 08 de fevereiro de 1996. Vai para a Câmara e é relatado pelo deputado José Jorge (PFL-PE), cujo parecer é aprovado em 17 de dezembro de 1996. A votação na Câmara é rápida e em 20 de dezembro é aprovada a Lei de Diretrizes e Bases da Educação Nacional, Lei nº 9.394/1996. Esse projeto em nada se parecia com as demandas dos educadores em 1988, em especial sobre a questão da representatividade da sociedade civil, entre outras (Saviani, 1999).

Por outro lado, a fala da diretora demonstra como, no senso comum, está generalizada a visão de que uma boa escola é a que forma para o mercado de trabalho. No caso da diretora citada, a escola que administra tem uma parceria com uma empresa multinacional francesa que oferta cursos como o de língua francesa, informática e operador de processos mecânicos, com a ajuda do Senai. A respeito desse último curso, especialmente, existe uma visão na qual pode ser útil para os estudantes se empregarem nas empresas da região após o término do ensino médio. Essa discussão já foi feita, neste livro, na análise da pesquisa de Luiz Pereira.

> As empresas entram na parceria, geralmente, com a oferta de cursos ou de verba para a escola, o que, devido à precariedade dessa instituição, faz com que a aproximação seja algo desejável para a escola.

Em alguns casos, os empresários chegam a investir, por ano, cerca de R$ 150 e R$ 200 mil na escola adotada*, que podem ser investidos segundo planos muito mais flexíveis do que as verbas oficiais. Para as empresas, o retorno se dá por meio de abatimentos no Imposto de Renda, de até 100%, por meio das Leis de Incentivo Fiscal, e pelo retorno social da vinculação da empresa com uma ação social compreendida como de "bem comum".

Outra forma de os empresários participarem da educação é por meio de movimentos da sociedade civil organizada em torno de questões socialmente relevantes, como a cidadania e a educação. A CNI participa, por exemplo, do Movimento Todos Pela Educação, que teve como primeiro presidente Jorge Gerdau Johannpeter, Presidente do Grupo Gerdau**, o qual tem como pressuposto a ideia de que é por meio da educação de qualidade para todos que o Brasil pode se tornar verdadeiramente independente. Trata-se de uma iniciativa que envolve empresas, instituições públicas e privadas, ONGs, fundações, educadores e outros. Segundo o Relatório de Atividades de 2008 (2010), foi a partir de 2006 que o Movimento passou a se articular com diversos setores da sociedade e com a mídia, ganhando, com isso, grande visibilidade para ele,

---

* Parceria com empresa melhora nota de escolas públicas. *O Estado de São Paulo On-line*, 14 abril 2010. Disponível em: <http://www.estadao.com.br/noticias/geral,parceria-com-empresa-melhora-nota-de-escolas-publicas,538280,0.htm>. Acesso em: 26 jul. 2010.

** Atualmente, o Movimento Todos pela Educação é presidido por Mozart Neves Ramos, que já foi presidente da Associação Nacional de Dirigentes de Instituições Federais de Ensino Superior (Andifes).

tornando-se, por isso, importante elemento de pressão sobre o Estado e suas políticas públicas de educação.

Baseando-se em cinco metas*, o movimento congrega várias empresas como patrocinadoras, entre indústrias, bancos, construtora e fundações. Para o empresariado em geral, essas cinco metas são orgânicas às necessidades de educação básica para a classe trabalhadora e, portanto, são metas orgânicas ao movimento de acumulação do capital no atual momento de crise do capital. Não se pode desprezar, contudo, o peso social do investimento em educação para a coesão e pacto social, que é o que o Movimento congrega sobre si. É a educação o mote do desenvolvimento e paz social, uma causa da outra.

Para finalizar esta seção, trazemos a crítica que Oliveira (2003, p. 52-53) faz à participação dos empresários na educação como sintoma da privatização do ensino no país.

> As 5 metas são: Meta 1. Toda criança e jovem de 4 a 17 anos na escola; Meta 2. Toda criança plenamente alfabetizada até os 8 anos; Meta 3. Todo aluno com aprendizado adequado à sua série; Meta 4. Todo jovem com o ensino médio concluído até os 19 anos; Meta 5. Investimento em educação ampliado e bem gerido. (Disponível em: <http://www.todospelaeducacao.org.br/institucional/as-5-metas>. Acesso em: 7 dez. 2010.)

> Essa preocupação do empresariado em participar diretamente na administração escolar pode também ser vista como mais uma das formas de se buscar a privatização do sistema educacional. Como destacou Gentili (1998), a privatização da educação não tem que seguir a mesma lógica que ocorreu com o conjunto de empresas estatais, quando o Estado passou para a mão da iniciativa privada a oferta de certos serviços como água, telefonia, energia elétrica, transporte etc.

---

* Não podemos esquecer que o PDE do Governo Lula (Decreto nº 6.094/2007) é designado como *Plano de Metas Compromisso Todos Pela Educação*, o qual até mesmo na designação traz a aproximação com esse movimento do empresariado. O sucesso dessa iniciativa, segundo o relatório, é o impacto direto sobre 74.907 pessoas formadoras de opinião, como governadores, representantes do poder público, jornalistas, comunicadores populares, *sites* etc., e 1.697 instituições, sendo elas governos, institutos, fundações e empresas e a mídia em geral.

No processo educacional, a privatização pode ocorrer de várias formas, desde a iniciativa privada ofertar diretamente o serviço, como buscar que os próprios indivíduos financiem os seus estudos. De qualquer forma, qualquer uma dessas modalidades de privatização deixa explícita uma diminuição da intervenção estatal no provimento integral desses serviços. Entenda-se bem: provimento integral, o que não implica dizer que o Estado deixe de intervir, visando assegurar ao capital privado maior apropriação de riqueza.

Portanto, ao se analisar os casos de parceria entre escola e empresas, não podemos nos prender apenas à aparência de benevolência da ação empresarial, o que, de fato, é sedutor e fácil de ocorrer. Como educadores, na posição de professores ou gestores de escolas, temos que levar em conta também o projeto de poder que se esconde por trás dessas ações.

> Privatização do ensino não interessa à maioria da população, e, no que se refere à formação, a sua redução à formação de mão de obra qualificada para o mercado de trabalho significa uma redução do papel da escola e uma posição conformista com relação à realidade, perdendo a tarefa transformadora potencialmente existente na escola.

Síntese

Este último capítulo trouxe discussões a respeito das formas de participação da comunidade na escola, completando o caminho até aqui percorrido, que foi o de subsidiar a teoria até exemplos práticos de participação na relação escola e comunidade. A comunidade escolar, composta por gestores, professores, funcionários da escola, estudantes, família dos estudantes e outros membros da comunidade, tem sido chamada à participação no âmbito da escola, de maneira até mesmo fetichista, ou seja, como se fosse a salvação da escola pública.

Nesse sentido, pretendemos trazer como reflexão geral para os futuros educadores, em sua prática, ou leitores subsídios para refletir sobre a participação da comunidade na escola a partir da própria forma da escola, ou seja, não adianta focarmos ações na gestão democrática para a participação se não for modificada a forma com que se organiza a escola, ainda muito pautada no autoritarismo.

> A LDBEN/1996, no caminho da Constituição Federal de 1988, indica como um dos fundamentos da educação a gestão democrática. Com base nesse fundamento legal, as escolas desenvolvem, de forma autônoma ou vinculada a um projeto maior do sistema a que se unam, formas de gestão democrática e de participação da comunidade.

O capítulo explorou também as formas tradicionais de participação, ou seja, os conselhos escolares, as associações de pais e mestres e os grêmios estudantis. Essas três formas de participação são fundamentais para se criar um vínculo identificatório entre escola e comunidade, o que favorece o clima escolar e, até mesmo, a aprendizagem. Todas as três formas significam aberturas para atuação cidadã dos membros da comunidade escolar, o que pode gerar maior conscientização desses membros a respeito de educação escolar.

Discutimos também neste capítulo a questão do voluntariado e das parcerias entre escola e empresa, formas mais polêmicas, pois trazem problemáticas vinculadas ao papel do Estado na manutenção das escolas, a privatização do ensino ou sua vinculação restrita à formação para o mercado de trabalho.

Este capítulo procurou caracterizar-se por problematizar as questões mais triviais da participação, além de deixar para você a possibilidade de se posicionar criticamente a respeito das formas de participação.

Indicações culturais

Filme

QUANTO vale ou é por quilo? Direção: Sérgio Bianchi. Brasil: Riofilme, 2005. 104 min.

Trata-se de uma crítica contundente à questão do voluntariado, da responsabilidade social e das relações das empresas com causas sociais. Serve como ilustração para as duas últimas partes deste capítulo, ou seja, o voluntariado e as parcerias entre escola e empresa.

Livro

PARO, V. H. Por dentro da escola pública. 3. ed. São Paulo: Xamã, 2005.

Este é um excelente estudo etnográfico do autor em uma escola pública, em que descreve pormenorizadamente o cotidiano da escola, revelando as relações ali existentes, as contradições, as precariedades, a participação da comunidade, o papel do Estado na escola, a gestão e as relações pedagógicas, entre outras.

Sites

AMIGOS DA ESCOLA. Disponível em: <http://amigosdaescola.globo.com>. Acesso em: 26 jul. 2010.

Conheça mais detalhes deste que é o programa de voluntariado na escola mais conhecido do país.

INSTITUTO FAÇA PARTE – BRASIL VOLUNTÁRIO. Disponível em: <http://www.facaparte.org.br>. Acesso em: 26 jul. 2010.

Este é um dos sites mais importantes para a questão do voluntariado no país, o qual faz parceria com o Amigos da Escola e o Todos pela Educação.

TODOS PELA EDUCAÇÃO. Disponível em: <http://www.todospelaeducacao.org.br>. Acesso em: 26 jul. 2010.

Conheça o site desta que é uma das maiores organizações da sociedade civil brasileira em torno da melhoria da qualidade na educação.

Atividades de autoavaliação

1. Assinale verdadeiro (V) ou falso (F) para as seguintes afirmações:

   ( ) Pode-se afirmar que empresas e ONGs podem ser parte da comunidade escolar.

   ( ) A comunidade escolar não é chamada à participação pela LDBEN/1996, somente a família dos estudantes.

   ( ) Cada escola pode escolher as formas de participação da comunidade.

   ( ) A participação da comunidade se dá de forma compulsória na escola, já que a família tem o dever de acompanhar a vida escolar dos filhos.

   Assinale a alternativa que corresponde corretamente à sequência obtida:

   a) F, V, F, F.
   b) V, F, F, V.
   c) F, F, V, V.
   d) F, V, V, F.

2. Assinale a alternativa verdadeira:

   a) O conselho escolar constitui-se, segundo o MEC, na forma mais elaborada de controle das atividades escolares.

   b) A maioria absoluta dos conselhos existentes no país é de caráter deliberativo.

   c) Abarcar as várias possibilidades de análise e resolução dos problemas da escola é uma das tarefas do conselho escolar.

   d) Os membros do conselho escolar são escolhidos pelo diretor da escola, para que possa exercer controle sobre suas atividades.

3. Assinale verdadeiro (V) ou falso (F) para as seguintes afirmações:

( ) O MEC, por meio do Programa Nacional de Fortalecimento dos Conselhos Escolares, procura uniformizar a criação dos conselhos nas escolas.

( ) A APM tem como principal papel a geração de renda para a escola, por meio da promoção de eventos.

( ) Os pais e familiares dos estudantes podem ter acesso à participação do PPP da escola, por meio do conselho escolar e da APM.

( ) O conselho escolar, bem como a APM, não deve vincular sua ação a um determinado partido político.

Assinale a alternativa que corresponde corretamente à sequência obtida:

a) F, F, V, V.
b) V, F, F, V.
c) F, V, F, V.
d) V, V, F, V.

4. Assinale a alternativa verdadeira:

a) O grêmio estudantil deve ser instalado na escola, porque é uma exigência legal.

b) A partir do grêmio estudantil, os estudantes podem ter uma iniciação à prática política, que potencializa a sua formação.

c) O grêmio estudantil tem vínculo com a gestão da escola, tendo que ser trocado a cada eleição de diretor.

d) Os estudantes não têm o direito de opinarem sobre o PPP da escola, já que é preciso, para isso, ter formação universitária.

5. Sobre voluntariado e parcerias entre escola e empresa, assinale com (V) as alternativas verdadeiras e com (F) as falsas:

( ) O discurso sobre voluntariado centraliza seus argumentos na necessidade de substituir o Estado.

( ) O voluntário na escola, como afirma o discurso do projeto Amigos da Escola, deve trabalhar conforme o projeto pedagógico da escola.

( ) As parcerias entre escola e empresas são de cunho assistencial, pois a empresa investe verba importante para a manutenção da escola.

( ) Os empresários pretendem, com as parcerias, auxiliar a escola a formar as novas gerações conforme o que entendem como "necessidade social".

Assinale a alternativa que corresponde corretamente à sequência obtida:

a) V, F, F, V.
b) F, V, F, V.
c) V, F, V, F.
d) F, V, V, V.

Atividades de aprendizagem

Questões para reflexão

1. Faça uma análise crítica dos artigos da LDBEN/1996 que se voltam para a participação da comunidade (gestão democrática, participação da família e organizações, assim como estudantes, professores e funcionários) nas questões da escola. Essa questão exige a leitura integral da LDBEN/1996, separando os artigos que tratam desse tema.

2. Após a leitura deste capítulo, construa uma dissertação argumentativa sobre a temática das formas de participação da comunidade na escola. Para isso, escolha, pelo menos, duas formas apontadas no capítulo.

Atividade aplicada: prática

Depois de obter a autorização de uma escola, faça uma descrição das formas de participação da comunidade nessa instituição.

Considerações finais

Este livro, que tratou das relações entre escola e comunidade, visou abarcar várias possibilidades analíticas e proporcionar uma formação mais ampla sobre uma questão tão importante para a educação. Partimos do pressuposto de que a atuação do profissional da educação na escola deve ser pautada pela consciência da abrangência dessa relação e, ainda mais, que essa atuação deve ser consciente das determinações especificamente pedagógicas e das determinações macrossociais presentes na relação entre escola e comunidade.

Visando a essa amplitude formativa é que se partiu da caracterização sociológica da comunidade no primeiro capítulo, para que se possa entender como os autores clássicos da sociologia trataram o tema *comunidade*. Ao mesmo tempo, com tais referências, é possível analisar a realidade específica de cada escola, evidenciando os elementos que unem ou dissociam a comunidade. Sem dúvida que compreender esses elementos faz-nos olhar de forma mais efetiva para a comunidade escolar.

Desse primeiro passo, mais teórico, entramos diretamente no tema *comunidade-escola* pela via da sociologia da educação brasileira, tomando autores como Achiles Arquêro Júnior, Paulo Freire e

Luiz Pereira. Trazer tais autores neste livro fortalece tanto o conhecimento de nossa história sobre a reflexão acerca da relação entre escola e comunidade quanto a prática educativa dos profissionais da educação, que podem ter mais parâmetros de ação, subsidiados por grandes intelectuais que, pela profundidade de suas obras e pelas suas vivências de pesquisa no passado, ajudam a compreender essa relação atualmente.

Outro tópico do segundo capítulo, o que trata da herança familiar e do percurso educacional, tem como objetivo que os profissionais da educação compreendam, a partir dos subsídios teóricos de Bourdieu, a relação e as possibilidades que têm as famílias com os estudos, o que acaba por influenciar direta ou indiretamente no papel que desempenham cotidianamente os pais nos estudos dos filhos, algo que é tão controvertido nas discussões educacionais. Não é incomum vermos nos discursos de professores a culpabilização da família no que tange ao sucesso ou fracasso dos filhos na escola. E não é de pouca importância superarmos tais pontos de vista.

A partir do terceiro capítulo tratamos especificamente da relação escola e comunidade, subsidiados com as teorias e os autores estudados até então. O terceiro capítulo, especialmente, mostrou na escola e na gestão democrática o foco para analisar sua relação com a comunidade escolar. A escola, como lócus de poder, pode ser tratada de forma autoritária e, portanto, negando uma relação democrática com a comunidade ou, ao contrário, pode ser aberta para a participação de todos os interessados nos destinos da escola.

Não se pode negar a existência de mecanismos legais para a participação, como as APMFs, e outros exemplos de participação para além da lei, que são iniciativas de direções de escola e que podem ser seguidos por aqueles que acreditam na prioridade das relações democráticas na escola. Nesse sentido é que trouxemos o exemplo das escolas itinerantes do MST, que, mesmo com todas as dificuldades que enfrentam, dão exemplos de como a comunidade pode se fazer força viva na escola.

Por fim, trouxemos exemplos práticos de como a participação da comunidade pode ser efetivada, como os conselhos escolares, os grêmios estudantis, o voluntariado e a participação de empresários. Também delineamos algumas críticas a tais participações, tanto pela forma como ocorrem quanto pelo caráter do projeto formativo que resultam, o que também é relevante para os profissionais que estão na escola, que sempre se veem frente a inúmeras oportunidades de participação, perante as quais devem decidir sobre a pertinência ou não de tais participações na escola, especialmente se referenciando aos objetivos educativos inerentes à instituição escolar.

Esperamos que esta obra possa verdadeiramente contribuir para uma reflexão mais rica em determinações sobre as relações entre escola e comunidade, superando o senso comum e possíveis preconceitos de pais, professores, alunos e demais membros da comunidade escolar. Faz-se necessário urgentemente que escola e comunidade compreendam a necessidade de união em prol do objetivo formativo de melhor qualidade possível para as novas gerações, e isso apesar de todas as dificuldades enfrentadas na escola pública brasileira.

É preciso avançar, sempre! O papel dos profissionais da educação é o de liderar esse avanço, e o papel da teoria o de guiar o desenvolvimento da consciência e da melhoria das ações. Foi esse o objetivo deste livro.

Referências

ABRAMOVAY, M. (Coord.). Escolas inovadoras: experiências bem-sucedidas em escolas públicas (versão resumida). Brasília: Unesco/Ministério da Educação, 2004.

ALVES, G. L. A produção da escola pública contemporânea. Campo Grande: Ed. da UFMT; Campinas: Autores Associados, 2001.

AMIGOS DA ESCOLA. Disponível em: <http://amigosdaescola.globo.com/TVGlobo/Amigosdaescola/0,,6959,00.html>. Acesso em: 26 jul. 2010.

ANDRÉ, M. E. D. A. Etnografia da prática escolar. Cadernos de Pesquisa, São Paulo, n. 113, p. 7-38, jul. 1995.

_____. Tendências atuais da pesquisa na escola. Cadernos Cedes, Campinas, ano 18, v. 23, n. 43, p. 46-57, dez. 1997.

ARCHÊRO JÚNIOR, A. Lições de sociologia educacional. São Paulo: Odeon, 1936.

BEISIEGEL, C. R. Estado e educação popular: um estudo sobre a educação de adultos. São Paulo: Pioneira, 1974.

BEZERRA NETO, L. Sem-terra aprende e ensina: estudo sobre as práticas educativas do Movimento dos Trabalhadores Rurais. Campinas: Autores Associados, 1999.

BOURDIEU, P. A economia das trocas simbólicas. 3. ed. São Paulo: Perspectiva, 1992.

_____. A miséria do mundo. Petrópolis: Vozes, 1997.

_____. Coisas ditas. São Paulo: Brasiliense, 1990.

_____. Escritos de educação. Petrópolis: Vozes, 1998.

_____. O poder simbólico. 4. ed. Rio de Janeiro: Bertrand Brasil, 2001.

BOURDIEU, P.; PASSERON, J. C. A reprodução: elementos para uma teoria do sistema de ensino. Rio de Janeiro: Francisco Alves, 1992.

BRANCO, M. M. P. Programa Dinheiro Direto na Escola: o papel das unidades executoras na gestão de escolas públicas do Município de Araçatuba – de 2003 a 2005. 119 f. 2006. Dissertação (Mestrado em Educação) – Universidade Católica Dom Bosco, Campo Grande, 2006.

BRASIL. Lei n. 7.398, de 4 de novembro de 1985. Diário Oficial da União, Poder Legislativo, Brasília, DF, 4 nov. 1985. Disponível em: <http://www.planalto.gov.br/ccivil/LEIS/L7398.htm>. Acesso em: 16 nov. 2010.

_____. Lei n. 9.394, de 20 de dezembro de 1996. Diário Oficial da União, Poder Legislativo, Brasília, DF, 23 dez. 1996. Disponível em: <http://www.planalto.gov.br/ccivil_03/Leis/L9394.htm>. Acesso em: 1 dez. 2010.

_____. Lei n. 9.475, de 22 de julho de 1997. Diário Oficial da União, Poder Legislativo, Brasília, DF, 23 jul. 1997. Disponível em: <http://www.planalto.gov.br/ccivil_03/Leis/L9475.htm>. Acesso em: 2 dez. 2010.

_____. Lei n. 9.608, de 18 de fevereiro de 1998. Diário Oficial da União, Poder Legislativo, Brasília, DF, 19 fev. 1998. Disponível em: <http://www.planalto.gov.br/ccivil_03/Leis/L9608.htm>. Acesso em: 26 jul. 2010.

BRASIL. Ministério da Educação. Secretaria de Educação Básica. Conselhos escolares: uma estratégia de gestão democrática da educação pública. Brasília, 2004a. v. 1. Disponível em: <http://portal.mec.gov.br/seb/arquivos/pdf/Consescol/ce_gen.pdf>. Acesso em: 16 nov. 2010.

BRASIL. Ministério da Educação. Secretaria de Educação Básica. Conselho escolar e a aprendizagem na escola. Brasília, 2004b. v. 2. Disponível em: <http://portal.mec.gov.br/seb/arquivos/pdf/Consescol/ce_cad2.pdf>. Acesso em: 16 nov. 2010.

BUBER, M. Sobre comunidade. São Paulo: Perspectiva, 1987.

CALDART, R. S. Educação do campo: notas para uma análise de percurso. Trabalho, Educação e Saúde, Rio de Janeiro, v. 7, n. 1, p. 35-64, mar./jun. 2009.

_____. Pedagogia do Movimento Sem Terra. Petrópolis: Vozes, 2000.

CASTRO, E. G. Estudos de comunidade: reflexividade e etnografia em Marvin Harris. Revista Universidade Rural, Rio de Janeiro, v. 23, n. 2, 2001.

CNI – Confederação Nacional da Indústria. Educação básica e formação profissional: uma visão dos empresários. Rio de Janeiro, 1993.

CONSORTE, J. G. Os estudos de comunidade no Brasil: uma viagem no tempo. In: FALEIROS, M. I. L; CRESPO, R. A. (Org.). Humanismo e compromisso: ensaios sobre Octavio Ianni. São Paulo: Edunesp, 1996. p. 51-67.

DASCAL, M.; ZIMMERMANN, O. Introdução. In: BUBER, M. (Org.). Sobre comunidade. São Paulo: Perspectiva, 1987. p. 13-31.

DURKHEIM, E. Da divisão do trabalho social. In: RODRIGUES, J. A. (Org.). Émile Durkheim: sociologia. 4. ed. São Paulo: Ática, 1988. (Coleção Sociologia).

DURKHEIM, E. Educação e sociologia. 10. ed. São Paulo: Melhoramentos, 1975.

FAORO, R. Os donos do poder: formação do patronato político brasileiro. 3. ed. Porto Alegre: Globo, 2001. 2 v.

FEITOSA, S. C. S. Método Paulo Freire: princípios e práticas de uma concepção popular de educação. Dissertação (Mestrado em Educação) – Universidade de São Paulo, São Paulo, 1999.

FERNANDES, F. A sociologia no Brasil: contribuição para o estudo de sua formação e desenvolvimento. Petrópolis: Vozes, 1977.

_____. Prefácio. In: AMMANN, S. B. (Org.). Ideologia do desenvolvimento de comunidade no Brasil. 9. ed. São Paulo: Cortez, 1997. p. 11-15.

FERREIRA, F. P. Teoria social da comunidade. São Paulo: Herder, 1968.

FERREIRA, N. S. C. (Org.). Gestão democrática da educação: atuais tendências, novos desafios. 3. ed. São Paulo: Cortez, 2000.

FORTUNA, M. L. A. Gestão escolar e subjetividade. São Paulo: Xamã; Niterói: Intertexto, 2000.

FREIRE, P. Pedagogia da autonomia: saberes necessários à prática pedagógica. São Paulo: Paz e Terra, 1996.

GENTILI, P.; SILVA, T. T. (Org.). Escola S.A.: quem ganha e quem perde no mercado educacional do neoliberalismo. Brasília: CNTE, 1994.

_____. Neoliberalismo, qualidade total e educação: visões críticas. 2. ed. Petrópolis: Vozes, 1995.

GOOD, A. Sociology and education. New York: MacMillan, 1930.

GRAMSCI, A. Os intelectuais e a organização da cultura. 2. ed. Rio de Janeiro: Civilização Brasileira, 1978.

IANNI, O. Estudo de comunidade e conhecimento científico. Revista de Antropologia, São Paulo, v. 9, n. 1-2, p. 109-119, jan./dez. 1961.

IANNI, O. (Org.). Florestan Fernandes: sociologia crítica e militante. São Paulo: Ática, 2009.

INSTITUTO FAÇA PARTE – BRASIL VOLUNTÁRIO. Disponível em: <http://www.facaparte.org.br/voluntariado-educativo%20Fazer%20referência>. Acesso em: 26 jul. 2010a.

_____. Palco digital. Disponível em: <http://www.facaparte.org.br/palcodigital>. Acesso em: 26 jul. 2010b.

KOFES, S. As pedras e o arco: os estudos de comunidade e a atualidade de antigas questões. In: FALEIROS, M. I. L; CRESPO, R. A. (Org.). Humanismo e compromisso: ensaios sobre Octavio Ianni. São Paulo: Edunesp, 1996. p. 41-50.

LIBÂNEO, J. C. Organização e gestão da escola: teoria e prática. 5. ed. Goiânia: Alternativa, 2004.

LIMA, L. Organização escolar e democracia radical: Paulo Freire e a governação democrática da escola pública. São Paulo: Cortez, 2000.

MARITAIN, J. O homem e o Estado. Rio de Janeiro: Agir, 1952.

MARTINS, F. J. Gestão democrática e ocupação da escola: o MST e a educação. Porto Alegre: EST, 2004.

MELO, A. Educação básica e formação profissional na visão dos empresários. Educação & Sociedade, Campinas, v. 30, n. 108, p. 893-914, out. 2009. Disponível em: <http://www.scielo.br/pdf/es/v30n108/a1330108.pdf>. Acesso em: 16 nov. 2010.

MELO, A.; URBANETZ, S. T. Teoria e prática pedagógica: trabalho de conclusão de curso. Curitiba: Ibpex, 2009.

MEKSENAS, P. Existe uma origem da crise de identidade do professor? Revista Espaço Acadêmico, n. 31, dez. 2003. Disponível em: <http://www.espacoacademico.com.br/031/31cmeksenas.htm>. Acesso em: 16 nov. 2010.

MINAS GERAIS. Secretaria de Estado de Educação. Grêmio estudantil. 2004. Disponível em: <http://www.educacao.mg.gov.br/escolas/aluno/gremio-estudantil>. Acesso em: 16 nov. 2010.

MIRANDA, O. Para ler Ferdinand Tönnies. São Paulo: Edusp, 1995.

MST – Movimento dos Trabalhadores Rurais Sem Terra. Escola itinerante em acampamentos do MST. São Paulo, 1998. (Coleção Fazendo Escola).

NOGUEIRA, C. M. M.; NOGUEIRA, M. A. A sociologia da educação de Pierre Bourdieu: limites e contribuições. Educação & Sociedade, Campinas, v. 23, n. 78, p. 15-36, abr. 2002.

NOGUEIRA, M. A. Elites econômicas e escolarização: um estudo de trajetórias e estratégias escolares junto a um grupo de famílias de empresários de Minas Gerais. Belo Horizonte: Ed. da UFMG, 2002.

NOGUEIRA, M. A.; AGUIAR, A. M. S. A escolha do estabelecimento de ensino e o recurso ao internacional. Atos de Pesquisa em Educação, v. 2, n. 1, p. 3-22, jan./abr. 2007. Disponível em: <http://proxy.furb.br/ojs/index.php/atosdepesquisa/article/view/164/126>. Acesso em: 16 nov. 2010.

NOGUEIRA, M. A.; CATANI, A. M. (Org.). Pierre Bourdieu: escritos de educação. 11. ed. Petrópolis: Vozes, 2009.

NOGUEIRA, O. Pesquisa social: introdução às suas técnicas. 4. ed. São Paulo: Nacional, 1977.

_____. Os estudos de comunidade no Brasil. Revista de Antropologia, São Paulo, v. 3, n. 2, p. 95-98, dez. 1955.

OLIVEIRA, R. O empresariado industrial e a educação brasileira. Revista Brasileira de Educação, n. 22, p. 47-60, jan./abr. 2003.

PARO, V. H. A utopia da gestão escolar democrática. Cadernos de Pesquisa, São Paulo, n. 60, p. 51-53, fev. 1987.

_____. Estrutura da escola e prática educacional democrática. In: REUNIÃO ANUAL DA ANPED, 30., 2007, Caxambu. Trabalhos: GT05 – Estado e política educacional. Rio de Janeiro: Anped, 2007. v. 1. Disponível em: <http://www.anped.org.br/reunioes/30ra/trabalhos/GT05-2780--Int.pdf>. Acesso em: 16 nov. 2010.

_____. Gestão democrática da escola pública. São Paulo: Ática, 1998.

_____. Gestão escolar, democracia e qualidade do ensino. São Paulo: Ática, 2009.

PEREIRA, L. A escola numa área metropolitana. São Paulo: Pioneira, 1967.

PETERS, C. C. Foundation of educational sociology. New York: MacMillan, 1930.

PIERSON, D. Brancos e pretos na Bahia. São Paulo: Nacional, 1944.

_____. Cruz das Almas: a brazilian village. Rio de Janeiro: J. Olympio, 1966.

PINHEIRO FILHO, F. A.; MICELI, S. Entrevista com Mário Wagner Vieira da Cunha. Tempo Social, São Paulo, v. 20, n. 2, p. 259-301, nov. 2008.

QUEIROZ, M. I. P. Variações sobre a técnica de gravador no registro da informação viva. São Paulo: Ceru, 1983. (Coleção Textos).

RECUERO, R. Comunidades virtuais em redes sociais na internet: proposta de tipologia baseada no fotolog.com. 2006. 334 f. Tese (Doutorado em Comunicação e Informação) – Faculdade de Biblioteconomia e Comunicação, Porto Alegre, 2006.

RIOS, J. A. A educação dos grupos. Rio de Janeiro: SNES/SPES, 1954.

SÃO PAULO (cidade). Prefeitura. Reforma São Paulo: escolas. Luiz Pereira. Disponível em: <http://www.reformaescolas.prefeitura.sp.gov.br/em1005/forms/frmEscola.aspx?codigo_escola=091057>. Acesso em: 16 nov. 2010

SAVIANI, D. A nova lei da educação: trajetória, limites e perspectivas. 5. ed. rev. Campinas: Autores Associados, 1999.

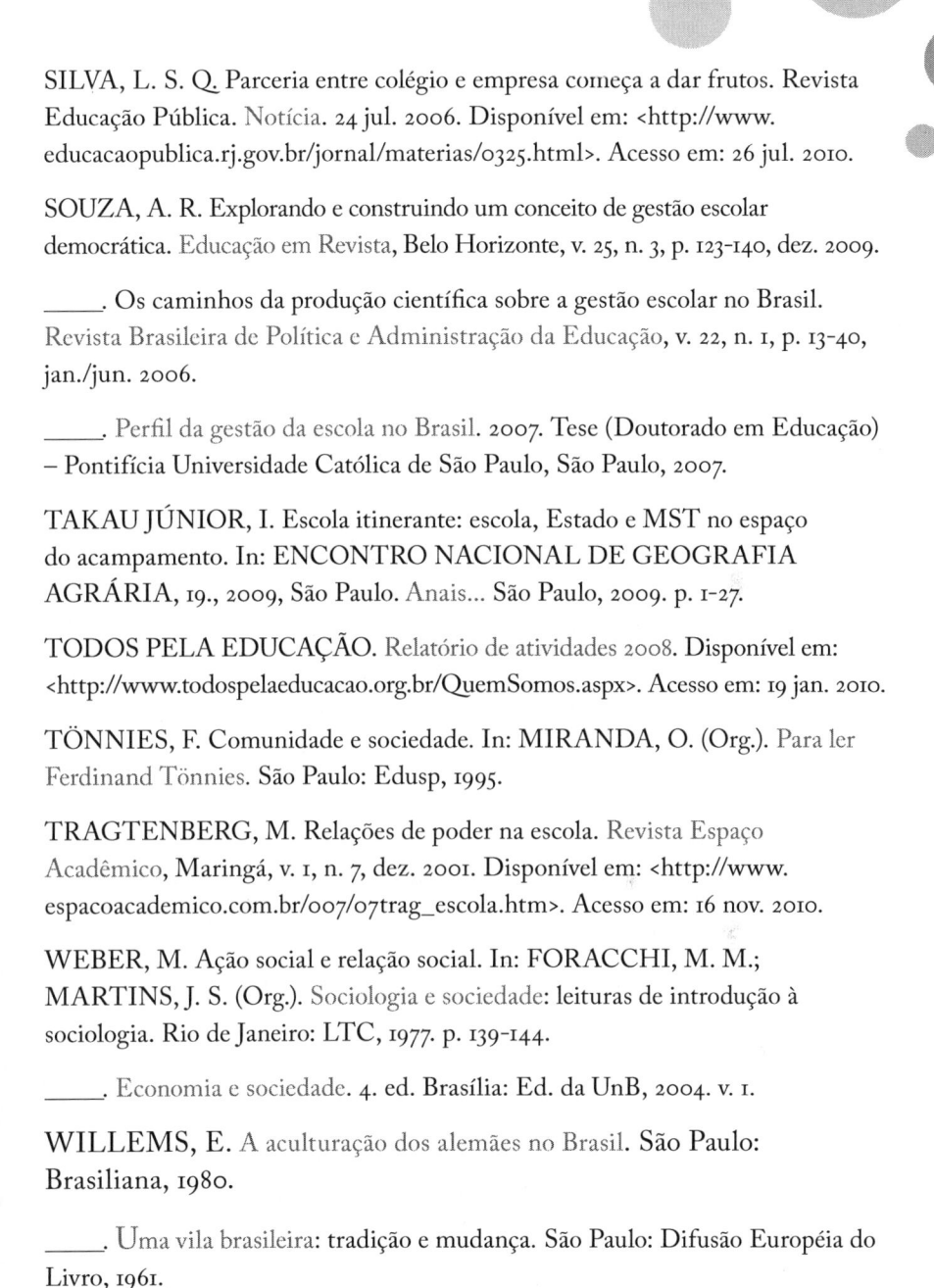

SILVA, L. S. Q. Parceria entre colégio e empresa começa a dar frutos. Revista Educação Pública. Notícia. 24 jul. 2006. Disponível em: <http://www.educacaopublica.rj.gov.br/jornal/materias/0325.html>. Acesso em: 26 jul. 2010.

SOUZA, A. R. Explorando e construindo um conceito de gestão escolar democrática. Educação em Revista, Belo Horizonte, v. 25, n. 3, p. 123-140, dez. 2009.

_____. Os caminhos da produção científica sobre a gestão escolar no Brasil. Revista Brasileira de Política e Administração da Educação, v. 22, n. 1, p. 13-40, jan./jun. 2006.

_____. Perfil da gestão da escola no Brasil. 2007. Tese (Doutorado em Educação) – Pontifícia Universidade Católica de São Paulo, São Paulo, 2007.

TAKAU JÚNIOR, I. Escola itinerante: escola, Estado e MST no espaço do acampamento. In: ENCONTRO NACIONAL DE GEOGRAFIA AGRÁRIA, 19., 2009, São Paulo. Anais... São Paulo, 2009. p. 1-27.

TODOS PELA EDUCAÇÃO. Relatório de atividades 2008. Disponível em: <http://www.todospelaeducacao.org.br/QuemSomos.aspx>. Acesso em: 19 jan. 2010.

TÖNNIES, F. Comunidade e sociedade. In: MIRANDA, O. (Org.). Para ler Ferdinand Tönnies. São Paulo: Edusp, 1995.

TRAGTENBERG, M. Relações de poder na escola. Revista Espaço Acadêmico, Maringá, v. 1, n. 7, dez. 2001. Disponível em: <http://www.espacoacademico.com.br/007/07trag_escola.htm>. Acesso em: 16 nov. 2010.

WEBER, M. Ação social e relação social. In: FORACCHI, M. M.; MARTINS, J. S. (Org.). Sociologia e sociedade: leituras de introdução à sociologia. Rio de Janeiro: LTC, 1977. p. 139-144.

_____. Economia e sociedade. 4. ed. Brasília: Ed. da UnB, 2004. v. 1.

WILLEMS, E. A aculturação dos alemães no Brasil. São Paulo: Brasiliana, 1980.

_____. Uma vila brasileira: tradição e mudança. São Paulo: Difusão Européia do Livro, 1961.

Bibliografia comentada

ABRAMOVAY, M. (Coord.). Escolas inovadoras: experiências bem-sucedidas em escolas públicas (versão resumida). Brasília: Unesco/Ministério da Educação, 2004. Disponível em: <http://www.unesco.org.br>. Acesso em: 16 nov. 2010.

Esse livro conta a trajetória de projetos desenvolvidos em escolas públicas localizadas em 14 regiões metropolitanas do país, que investiram em cultura, lazer e esportes, inovando o ensino e saindo da esfera do chamado tradicionalismo em educação.

Esses projetos visam, sobretudo, atrair os jovens para a escola, bem como diminuir a violência escolar e a evasão, que atingem em cheio o ensino médio brasileiro. O que dá uma identidade comum a essas escolas é o fato de investirem em gestão democrática com a participação de todos os membros da comunidade escolar, dando maior consistência aos projetos desenvolvidos.

O livro é resultado de uma parceria entre a Organização das Nações Unidas para a Educação, a Ciência e a Cultura – Unesco e o Ministério da Educação. A versão resumida encontra-se no site *da Unesco.*

BRASIL. Ministério da Educação. Secretaria de Educação Básica. Conselhos escolares: uma estratégia de gestão democrática da educação pública. v. 1. Brasília, 2004a. Disponível em: <http://portal.mec.gov.br/seb/arquivos/pdf/Consescol/ce_gen.pdf>. Acesso em: 16 nov. 2010.

Esse documento é de leitura fundamental para os que procuram subsídios para o desenvolvimento teórico prático de mecanismos de participação da comunidade na escola, o que obedece, inclusive, à norma constitucional, que prega a gestão democrática da escola.

O livro traz experiências de diversas unidades da Federação que têm se notabilizado por uma legislação avançada para possibilitar a existência efetiva dos conselhos.

O texto oferece, além disso, subsídios teóricos para a compreensão dos conselhos escolares, tratando-os de forma a trazer sua história no sistema educacional brasileiro, bem como as formas de apropriação e execução prática e legal.

CALDART, R. Pedagogia do Movimento Sem Terra. Petrópolis: Vozes, 2000.

Nesse livro, de extrema relevância para os interessados na discussão de projetos educacionais alternativos, Roseli Caldart nos leva a conhecer o projeto educativo do Movimento dos Trabalhadores Rurais Sem Terra, o MST. Com larga experiência no interior do movimento, a autora nos fala com autoridade sobre o significado educativo do movimento.

Desse livro podemos apreender que estar no movimento social diretamente vinculado a uma luta tão legítima quanto à luta pela terra é um elemento importante como formação educativa tanto para professores quanto para os educandos, que também vivenciam essa luta.

A escola do MST é viva, pois o movimento é vivo, e a pedagogia do movimento deve se adequar a essa dinâmica, envolvendo preocupações não somente com conteúdos, mas também com uma formação que dê conta das especificidades da realidade do campo, das lutas do campo brasileiro, da falta de infraestrutura das escolas de acampamentos etc. E, mesmo com todas as dificuldades, percebe-se como é fundamental a participação da comunidade nos rumos da escola.

Respostas

Capítulo 1

Atividades de autoavaliação

1. c
2. b
3. e
4. a
5. d

Atividades de aprendizagem

Questões para reflexão

1. Nessa questão, você deverá atestar boa compreensão dos conceitos de comunidade, segundo a exposição feita no capítulo. Com base numa boa apropriação desses conceitos, deverá demonstrar capacidade de relacionar tais conceitos com as possibilidades de estudo da comunidade escolar, que, ao longo do texto, foram sendo expostas. Dessa forma, a resposta a essa questão demonstra a capacidade de compreensão da teoria e aplicação prática dos conceitos de comunidade e sociedade.

2. Nessa questão, o importante é que você possa refletir, com o que tem de bagagem cultural, de conhecimentos educacionais e de vivências, acrescido do que aprendeu sobre comunidade no capítulo, sobre a comunidade escolar e as possibilidades de que essa seja, de fato, "comunidade", e o que é necessário para que isso ocorra. Essa última demanda faz com que você percorra as variáveis da caracterização da comunidade, para a qual a leitura do capítulo e os vários autores estudados fornecem subsídios.

Atividade aplicada: prática

Essa atividade prática pretende fazer com que você se lembre das vivências na escola, e, a partir disso, desempenhe a capacidade de descrever esse passado e, também, de analisá-lo à luz do que veio estudando neste primeiro capítulo. Ao fazer isso, o resultado será um relato o mais denso possível do período, e esse relato poderá dar luz às relações escolares, tendo como parâmetro o conceito de comunidade. Ao realizar entrevistas, conforme os parâmetros estudados no capítulo, você desenvolverá o domínio sobre essa técnica de pesquisa. A justificativa que se pede no final da questão demonstrará, se benfeita, o domínio sobre o conteúdo do capítulo.

Capítulo 2

Atividades de autoavaliação

1. c
2. b
3. d
4. b
5. a

Atividades de aprendizagem

Questões para reflexão

1. Nessa questão, você deverá demonstrar compreensão da teoria de Bourdieu, explorada neste capítulo, e de como essa teoria pode auxiliar na explicação do fenômeno encontrado por Luiz Pereira, em que se destaca a relação das expectativas familiares acerca do percurso escolar, os investimentos dessas famílias na educação etc.
2. A herança deixada por Paulo Freire pode ser um guia para a prática docente, no sentido de que esta, seja na alfabetização de adultos, como foi especificamente sua prática, seja na educação formal ou informal, em qualquer nível, nos dá os suportes para uma educação emancipatória, que parte do respeito aos educandos, seus conhecimentos e vivências. Na prática, a herança freireana nos leva a compreender que é o diálogo, e não a mera unilateralidade da exposição oral, o melhor método de ensino-aprendizagem.

Atividade aplicada: prática

Você deverá ter a iniciativa de ir para a escola, contatar professores e pais para realizar a pesquisa. Deverá formular instrumentos de pesquisa, questionários e/ou roteiros de entrevista. Com base nisso, e com os resultados, entra em cena a capacidade de relacionar dados empíricos com as teorias estudadas.

Capítulo 3

Atividades de autoavaliação

1. d
2. b
3. c
4. c
5. d

Atividades de aprendizagem

Questões para reflexão

1. Espera-se que você leia atentamente e, por meio de fichamentos, anote, nas três partes do capítulo, os elementos da gestão democrática. Quanto mais elementos identificar, mais se poderá verificar a intensidade da leitura e a atenção dada ao tema da gestão democrática.

2. Essa questão exige uma pesquisa autônoma de sua parte e sua capacidade de leitura e sistematização acerca de um importante tema, a democracia. A capacidade de escrever com lógica e coerência será também levada em conta.

Atividade aplicada: prática

Você deverá ter a iniciativa de entrevistar um diretor de escola, o que irá enriquecer os conhecimentos teóricos com uma visita à prática social da gestão escolar. Deverá formular um roteiro de entrevista coerente com as demandas da questão, que é o cotidiano e a gestão democrática. O que torna essa atividade mais ou menos rica é a formulação do roteiro da entrevista e a capacidade que você tem de dialogar com o(a) diretor(a), tirando da conversa mais ou menos riqueza da experiência deste profissional.

Capítulo 4

Atividades de autoavaliação

1. d
2. c
3. a
4. b
5. a

Atividades de aprendizagem

Questões para reflexão

1. Você deverá apontar o maior número possível dos artigos da LDBEN/1996 em que consta a questão da participação/gestão democrática da escola. Após isso, a análise demonstrará a capacidade crítica e de relacionar a leitura do capítulo com a leitura da lei.
2. Nessa questão, pretende-se verificar a capacidade de coordenar o texto escrito com a leitura do capítulo. Ao mesmo tempo que isso levará à interpretação do capítulo, também será conferida a capacidade que você tem de construir sua própria opinião, fundamentada teoricamente.

Atividade aplicada: prática

Você deverá ter a iniciativa de ir para a escola, contatar a gestão da escola e pedir autorização para realizar a pesquisa. Após a permissão de entrada na escola, o que a atividade vai poder avaliar é a capacidade de descrição das atividades de participação da comunidade, que, para ser eficiente, deverá utilizar diversas fontes, como diretor, professores, alunos, funcionários e pais. Quanto mais profunda for a descrição, mais a atividade terá alcançado o seu objetivo.

Sobre o autor

Alessandro de Melo formou-se em 1999 como bacharel e licenciado em Ciências Sociais pela Faculdade de Filosofia, Ciências e Letras de Araraquara, da Universidade Estadual Paulista (Unesp). Cursou mestrado pelo Programa de Pós-Graduação em Educação Escolar da mesma instituição, concluindo-o em 2003. Cursou doutorado pelo Programa de Pós-Graduação em Educação da Universidade Federal do Paraná (UFPR), concluindo-o em 2010.

É professor adjunto do Departamento de Pedagogia do campus Santa Cruz da Universidade Estadual do Centro-Oeste (Unicentro), lecionando as disciplinas de Sociologia da Educação e Educação e Formação Profissional.

Realiza pesquisas que procuram compreender os projetos educacionais dos empresários brasileiros para a educação básica. Os resultados estão publicados em revistas especializadas (*Educação & Sociedade* e *Educar em Revista*).

Publicou pela Editora InterSaberes os livros *Fundamentos da didática* e *Organização e estratégias pedagógicas*, em parceria com a professora Sandra Terezinha Urbanetz, e pela Editora Ibpex, publicou o livro *Trabalho de conclusão de curso em Pedagogia* (2009), juntamente com a mesma professora.

Impressão: BSSCARD
Abril/2013

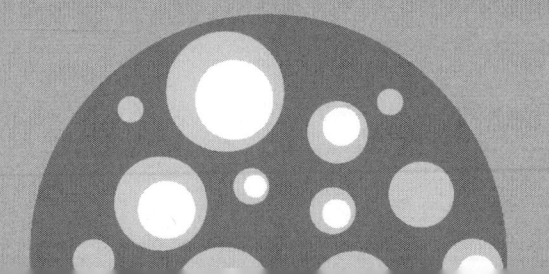